Hazel Brugger • Ich bin so hübsch

W0068385

Hazel Brugger
Ich bin so hübsch

KEIN & ABER
POCKET

1. Auflage April 2016
2. Auflage Juni 2016
3. Auflage Juli 2016
4. Auflage März 2017
5. Auflage Januar 2018
6. Auflage Januar 2019

Die Texte im vorliegenden Band sind eine überarbeitete Auswahl
von Kolumnen und Artikeln aus dem *Magazin* des *Tages-Anzeigers*,
der *TagesWoche*, der *Annabelle* sowie bislang unveröffentlicher Texte.

Coverbild: Ornella Cacace
Satz: GGP Media GmbH, Pößneck
Druck und Bindung: CPI – Ebner & Spiegel, Ulm
ISBN 978-3-0369-5936-8
Auch als eBook erhältlich

www.keinundaber.ch

Inhalt

Und Sie so?

Ich bin kein guter Mensch. Ich kaufe im März Erdbeeren aus Spanien, weil ich Lust darauf habe. Und wenn sie dann nicht schmecken, denke ich: »Mann, hey, wie schwierig ist es denn, Erdbeeren so hinzukriegen, dass sie schmecken, verspackte spanische Gewächshausspacken.« Ich bin total nachträglich und beantworte manchmal monatelang meine Mails nicht. Wenn jemand anruft, gehe ich nicht ran – ganz egal, wer es ist, ich hasse Telefonieren. Wenn ich mit jemandem rede und der hat was zwischen den Zähnen, dann sage ich nichts. Ich stelle mir lieber vor, wie er durchs Leben läuft mit einem halben Teppich in der Fresse und sich wundert, warum alle ihn unsympathisch finden.

Wenn ich mich hinsetze, ziehe ich meine Jeans bis zum Bauchnabel hoch, damit mein unteres Bauchfett unter dem Hosenbund verschwindet. Ich bin total unbeweglich, mit meinen Fingerspitzen komme ich nicht einmal bis zu den Knöcheln. Überhaupt habe ich ein wahnsinnig schlechtes Körpergefühl und habe keine Ahnung, was jenseits meines Kopfes abgeht. Manchmal vergesse ich zu essen und raste nach zwanzig Stunden komplett aus, weil ich fast in Ohnmacht falle. Dann bin ich widerlich zu allen, die mit mir unterwegs sind, und behandle sie schlimmer, als wenn sie der letzte Dreck zwischen den Zähnen von einem unfähigen Erdbeerbauern wären.

Wenn mein Hotelzimmer eine Badewanne hat, schneide ich mir darin die Fußnägel und lasse sie anschließend einfach liegen. Manchmal checke ich nicht aus, sondern stecke den Schlüssel in die Tür und gehe dann. Wenn ich mir am Ende des Tages die Sockenflusen unter den Zehennagelecken hervorpule, rieche ich an meinen Fingern, finde es ekelhaft und höre trotzdem nicht auf. Männern mit gezupften Augenbrauen gegenüber bin ich total voreingenommen, mit denen rede ich nicht, weil ich sie tief in mir drin ernsthaft für nicht intelligent halte. Überhaupt bin ich elitär, und wenn mir jemand einreden will, dass ich irgendwas besser machen könnte, zitiere ich Adorno – es gibt kein richtiges Leben im falschen –, und ich fühle mich super.

Ich sage immer, ich hätte mit allen leidenden Menschen Mitleid, aber eigentlich habe ich überhaupt keine Ahnung, wie die sich fühlen, und darüber bin ich froh. Wenn ich einen Hundebesitzer kennenlerne, der seinen Hund nicht erzogen hat, hasse ich ihn und den Hund gleich mit. Wenn jemand mit mir flirtet, merke ich das nie. Obwohl ich erst Anfang zwanzig bin, schaue ich auf Leute herab, die mir einen Futon ernsthaft als »Gästebett« verkaufen. Wenn ich ein Selfie mache, lösche ich manchmal die ersten vier Versuche, weil ich nicht zufrieden bin mit meinem Aussehen. Ich habe mir ein Paar Schuhe für dreihundert Franken gekauft und es erst einmal getragen.

Obwohl ich weiß, dass es nicht korrekt ist, nenne ich manchmal Sachen »behindert« oder »schwul«, einfach weil ich zu faul bin, um präzise zu denken. Wenn ich gefragt werde, sage ich immer, dass ich total für Gay Rights bin, aber ehrlich gesagt, habe ich noch nie aktiv etwas gegen die Unterdrückung von irgendeiner Gruppe getan. Ich knirsche mit den Zähnen, tagsüber und nachts, und muss im Bett eine Schiene tragen, mit der ich total behindert aussehe. Anstatt zu arbeiten, schaue ich fast immer Serien, die ich zum größten Teil schon einmal gesehen habe. Wenn andere mit mir arbeiten, delegiere ich gerne. Wenn ich weiß, dass ich fotografiert oder gefilmt werde, versuche ich, meine Zunge so zu platzieren, dass meine Wangenknochen möglichst gut zur Geltung kommen. Manchmal stelle ich am Ende von Vorträgen Fragen, die eigentlich kurze Reden sind und unterstreichen sollen, wie viel ich über das Thema weiß. Aber ich denk mir dann immer, hey, irgendwie muss ich ja sein.

Die Akte Topinambur

Ich weiß nicht, wie oft meine Eltern sich schon fast scheiden ließen. Zwanzig, vierzig, hundert Mal.

Irgendwann in den späten Neunzigerjahren grub – scharrte, pflügte, wühlte auf allen vieren – mein Vater die hintere linke Ecke unseres Gärtchens um. Ich glaube, er wollte sich und allen anderen beweisen, dass auch Akademiker ab und zu mit dreckigen Fingernägeln einem tieferen, naturgegebenen Ruf folgen sollten. Und dass Väter, die für ihre Familie im fruchtbaren Dreck graben, keine furchtbaren Väter sind.

Nach stundenlanger Arbeit hatte der Vater neben Tierskeletten vor allem esoterische Überreste des Mobiliars der Vorbesitzer (»Wenn ein Spiegel auf dem Rasen liegt, wird er den Regen abwehren!«) und ein paar erdverkrustete Knollen zutage gefördert. Die Knollen sahen so aus wie das, was rauskäme, wenn ein Albino-Ingwer einen Nacktmull schwängern würde. Topinambur. Jerusalem-Artischocke, Erdbirne, die total bekloppte, sozial schwache Cousine der Sonnenblume. Zwittriger Blütenstand, dünne Haut, temperaturbeständig bis zu minus dreißig Grad. Angeblich reichen schon winzig kleine Brocken davon aus, dass diese Pflanze im Boden erhalten bleibt. Topinambur wird man so schnell nicht wieder los, nein, Topinambur ist der Herpes des Reihenhaus-gartens.

Der Vater kochte die Wurzeln dann und verarbeitete sie zu einem kleinen, selbst gefangenen Gaumenschmaus. Breiig, schleimig, faserig. Erwärmter Ohrenschmalz mit Stückchen, eine Plörre, die verstörte und gleichzeitig neugierig machte. Die Masse sah aus, als hätten alle räu-digen Hauskatzen der Region uns aufs Tellerset gekotzt und ihr Œuvre anschließend mit einem Stückchen Pe-tersilie garniert. Der Vater war stolz, wir Kinder scho-ckiert, die Mutter hin- und hergerissen zwischen »Oh, ich wurde bekocht!« und »Oh … Ich wurde bekocht …«.

Zwanzig, vierzig, hundert Mal. Es war nie nur schlecht, wenn meine Eltern sich fast scheiden ließen. Einer dieser Fälle war, als sich der mittlere Bruder schließlich wei-nend über den halben Esstisch hinweg erbrach. Die Akte Topinambur. Es war ein beeindruckender Schwall des rosaroten Entsetzens, man hörte Schluchzen, Schmat-zen und Röcheln. Er war unser Held, ein Märtyrer, der sich nicht mehr alles gefallen lassen wollte. Einer, der mit allen Eingeweiden gegen die elterliche Unterdrückung rebellierte. Er war unser Reich-Ranicki, er nahm dieses Abendmahl nicht an. Liter für Liter, Knolle für Knolle zeigte er seine Missgunst. Gut, zugegeben, vielleicht war die Menge auch gar nicht so furchtbar beeindruckend gewesen, aber in einem Alter, in dem es mir Mühe be-reitete, auf einen Stuhl zu klettern, konnten Mengenver-hältnisse schon mal durcheinandergeraten.

Er solle es mit Himbeersirup hinunterspülen, so schlimm sei das nicht, hatte der Vater noch gesagt, bevor es losging. Es wurde schließlich gegessen, was auf den

Tisch kam – verdammt noch mal. Der Vater schimpfte über das System, die Welt und die Familie als kleine Version einer eigenen Gesellschaft. Die Mutter sorgte sich um die Kinder, um den Haussegen und schimpfte mit dem Vater. Es war ja schließlich kein Krieg mehr, und Zwang macht keine gute Liebe. Der große Bruder und ich lachten, und der mittlere weinte und weinte, worüber wir natürlich noch mehr lachen mussten. Denn Geschwister hat man ja hauptsächlich, um das eigene Leid in der Familie weniger absolut wirken zu lassen.

Zwanzig, vierzig, hundert Mal. Es gibt Dinge, die sollte man nicht ausgraben. Und schon gar nicht auftischen.

Läuft bei mir

Läuft bei dir« war 2014 in Deutschland das Jugend-
wort des Jahres. Wenn ich jetzt mal großzügig darüber hinwegsehe, dass das ja eigentlich überhaupt
kein Wort ist, sondern eine Ellipse, also der verkrüppelte
kleine Bruder des Satzes, glaube ich trotzdem niemandem,
der wirklich jugendlich ist und so etwas zu anderen
Jugendlichen sagt. In der Jugend läuft nämlich überhaupt
nichts. Die Jugend ist der beschissene, unvermeidliche
Wartesaal zwischen Flachbrüstigkeit und Gesieztwerden.

Die Zeit von zwölf bis sechzehn war für mich wie
ein einziger pochender Tumor, durch den ich mich irgendwie wühlen musste. Die wenigen Jungen, die mich
überhaupt interessierten, dachten, ich stünde auf Mädchen, und die Mädchen dachten, ich wäre ein Junge. Ich
selbst war fest davon überzeugt, dass das komplette Leben
gar nicht echt war, und wartete darauf, dass hinter dem
nächsten Busch der Moderator von *Verstehen Sie Spaß?*
hervorspringen würde, damit ich ihm ordentlich eine
reinhauen könnte.

Während sich meine Weltansicht stündlich änderte,
sah meine eiterdurchpflügte Haut konstant furchter-
regend aus. Mit einem Teppich aus triefenden Morta-
dellascheiben über einer langsam entstehenden Krater-

landschaft als Gesicht musste ich mir von allen Seiten anhören, dass dies »die beste Zeit des Lebens« sei und ich meine Jugend gefälligst genießen solle. Ich solle weniger Süßigkeiten essen, sagte man, und alle waren sich einig, dass das mit ein bisschen warmem Wasser, Seife und »ab und zu mal 'nem Apfel« wieder weggehen würde. Natürlich hätte ich mir auch dreizehn überfahrene Katzenföten aufs Gesicht legen, fünf saure Essiggurken bei Vollmond im Gegenuhrzeigersinn in den Popo drehen und aus voller Lunge Vicky Leandros' »Ich liebe das Leben« singen können.

Die einzig schönen Momente waren die Phasen zwischen den Beulenwachstumsschüben. In regelmäßigen Abständen entleerte sich das Pockengeflecht auf meinem Gesicht nämlich, und die Haut platzte unter lautem Knacken. Ich möchte gar nicht zu sehr ins Detail gehen, aber: Es war ein geradezu durchchoreografiertes Sekretfeuerwerk. Am Schluss sah der Badezimmerspiegel jedes Mal aus wie ein Jackson-Pollock-Gemälde aus suppig gelbem Talg und blutigen Schlieren. In Sachen Eiter konnte man über mich eigentlich ganz ehrlich sagen: »Läuft bei dir.«

Fast noch schlimmer als das, was passierte, waren all die Dinge, die auf sich warten ließen. Als alle anderen Mädchen schon lange »richtige Frauen« waren, war ich immer noch so fruchtbar wie die Bergsteiger-Mumie Ötzi. Und so attraktiv wie DJ Ötzi. Ich stellte mir die Periode als eine Mischung aus Nasenbluten und Sich-unkontrolliert-in-die-Hose-Scheißen vor. Und ich war überzeugt davon, dass es bei mir tausendmal schlimmer sein würde als bei allen anderen. Während sie den

Maler im Keller hatten, hätte ich dort mindestens den Metzger. Während ihre Tante Rosa nur zu Besuch kam, würde meine Tante mit einem ganzen Filmteam anreisen und ein europäisches Dorf-Remake des *Texas Chain Saw Massacre* drehen.

Was für Irre sind das also, die Sätze von sich geben wie »Läuft bei dir« und dabei komplett ignorieren, dass die Jugend doch die Blüte der Beschissenheit ist? Ist Erwachsenwerden heute so viel besser als noch vor wenigen Jahren? War ich vielleicht wirklich einfach ein Alien und das Leben eigentlich gar nicht so furchtbar schlimm? Zerstören WLAN-Hotspots Eiterbeulen im Gesicht?

Nein. Wahrscheinlich hatte ich sogar noch Glück, versuche ich mir einzureden. Wenn es bei mir nämlich beschissen war, dann wars halt einfach beschissen. Da wollte dann niemand von mir hören, dass es bei mir läuft. Da musste ich keine Fotos von mir so lange bearbeiten, bis man mir dafür ein Däumchen nach oben geben würde. Und die Beliebtheit des Einzelnen war noch daran messbar, zu wie vielen Geburtstagspartys er eingeladen wurde, und nicht an einer konkreten Zahl von unkonkreten virtuellen Freunden. Bis vor Kurzem wurde also gescheitert und geschwiegen, heute wird gescheitert und gelogen.

Jedem zahnbespangten Jungen mit wucherndem Flaum, tanzender Stimme und willkürlicher Erregung, jedem bucklig-beschämten Mädchen, das versucht, seine schmerzenden, wachsenden Kinderbrüste zu verstecken, möchte ich am liebsten einen Haufen Geld ins Gesicht schmeißen und schreien: »Da. Kauf dir was Schönes. Es wird so schnell nicht besser.«

Heute freue ich mich manchmal noch beim Aufwachen darüber, endlich nicht mehr in die Schule gehen zu müssen. Ich fahre mir dann mit den Fingern über mein trockenes Gesicht und den ein oder anderen Restpfropfen und denk mir dann ganz ehrlich: »Na ja. Langsam läuft bei mir so mittel.«

Ein echter Klassiker

Kleinkunst.« Ein bisschen klingt das wie eine Behinderung. »Habt ihr schon gehört? Die Hazel macht jetzt Kleinkunst.« – »Oh nein, warum das denn? Geht es ihr gut?« – »Sie scheint trotzdem recht glücklich zu sein. Das ist ja die Hauptsache.«

Das Brot des Kleinkünstlers sind der Applaus und das Geld des Publikums, sein Schicksal ist, dass er niemals einen echten Klassiker kreieren wird. Irgendwie schade, irgendwie auch total legitim.

Bald trete ich in der Tonhalle Zürich auf. Wieder mal so ein Experiment, wo Großkunst auf Kleinkunst trifft und man mich vermutlich urteilend beäugen wird, bis mir vor lauter Hochkultur ganz schummrig wird. Das ist, als würde sich der Sternekoch nachts heimlich ein kaltes Happy Meal reinstopfen. Schön angezogene Figuren, die von Konservatorium zu Conservatoire gepeitscht wurden, ihr Instrument so lange spielten, bis sie es zu hassen lernten, faule Genies und fleißige Motivierte, werden auf der Bühne brillieren. Und als Opening Act: ich, die ich stetig davon ablenken muss, dass seit dem Schulabschluss bildungstechnisch rein gar nichts mehr mit mir passiert ist.

Kleinkunst eben, der flüchtige Furz im Universum des Kulturgeschehens.

Und es stimmt. Ein Kabarettist ist kein Orchester, eine Comedy-CD kein Bild von Gerhard Richter. Und Facebook-Likes sind als Währung nicht annähernd so hart wie aufgeweichte Feuilletonworte. Es wird die Welt auch sicher nicht verändern, wenn ich abends um halb sieben im Dezember, kurz bevor Tschaikowski einsetzt, sichtlich unwohl ein paar sudelige Worte zum Besten gebe. Schließlich bin ich keine Marina Abramović, die im New Yorker MoMA stundenlang darüber schweigt, wie Frauen im Balkan ihre Vulva in den Regen halten − das ist Hochkultur, Baby, und wehe, einer lacht!

Die Komödie hat zu Recht eine viel kleinere Halbwertszeit als der Pinselstrich auf dem Sarg des Pharaos. Weil Lustigsein den aktuellen Zeitgeist einfängt und selten die großen, urmenschlichen Fähigkeiten, die auf ein gesamtes Weltbild schließen lassen. Emil Steinberger ist zwar wieder erfolgreich mit seinen Klassikern unterwegs, aber in dreitausend Jahren wird auch eine solide einstudierte Emil-Nummer nicht mehr funktionieren.

Ein echter Klassiker im Kunstsinne hingegen ist zeitlos gut und zeitlos wichtig, und am besten steht die Kirche, wenn nicht sogar Gott höchstpersönlich, mit prall gefülltem Geldbeutel hinter einem. Da ist kein Raum für schnelle Kapitalismuskritik, kruden Amerikahass und freches Pimmelblitzen. Kein Raum für klar kommunizierte Meinungen, Tagespolitik oder absurde Bilder. Auch nicht für aktuelle Trends − oder können Sie sich vorstellen, dass der normale Mainstream-Bürger vor fünfhundert Jahren seinen Pflug fallen ließ, weil irgend so ein virtuoser Italiener gerade das geheimnisvollste Lächeln überhaupt in Öl gepinselt hatte?

Irgendjemand hat mir mal diesen Gedanken in den Kopf gelegt: Stellen Sie sich vor, es würden tatsächlich Aliens auf der Erde landen. Die würden sich erst mal einen Dreck darum scheren, bei wie viel Grad Celsius Wasser kocht. Oder welches Allel rezessiv und wie schwer der Mount Everest ist. Die wollen keine harten Fakten, keine Wissenschaft. Die wollen doch als Erstes hören, was für Musik wir mögen, was die Leute zum Lachen bringt, wie der Mensch so tickt. Und ganz genau das ist Kultur. Das, worüber Sie reden, wenn Sie jemandem erklären, wer und warum Sie gerade sind.

Und jetzt muss ich los. Die Kleinkunstzuschauer sind schon wieder hungrig und klatschen. Und ganz ehrlich: Ich kann mir nichts Schöneres vorstellen, als mit ihnen kochen zu dürfen.

Warum die Frauen nicht so lustig sind

D u bist aber sehr lustig – für eine Frau«, muss ich mir manchmal anhören und fühle mich dann so, als wäre ich eine Tetraplegikerin, der man sagt, sie beherrsche ihren Rollstuhl so gut. Nur dass ich das Gegenüber in dieser Situation dann leider nicht geschickt mit meinem Gefährt überfahren kann. Ich antworte darauf jeweils mit ernster Miene, dass ich auch nicht wisse, was da schiefgelaufen sei bei mir, und dass man das wohl therapieren und mich einschläfern lassen müsse.

Dieser als Lob gemeinte und als Beleidigung servierte Kommentar trägt immer eine gewisse Grundfrage mit sich: Warum sind Frauen im Allgemeinen weniger lustig als Männer? Oder, vielleicht etwas passender formuliert: Warum haben Frauen es weniger nötig, so lustig zu sein wie viele Männer? Humor ist schließlich kein instinktiv vorhandener, überlebenswichtiger Teil der Grundausstattung des Menschen, Humor ist Flucht vor der unlustigen Realität, eine Tugend aus der Not. Humor ergibt eigentlich nicht wirklich Sinn.

Ein sehr lustiger Freund von mir antwortete mir auf die Frage, warum Männer lustiger seien als Frauen, mit der Gegenfrage, ob ich schon einmal einen schlaffen Penis gesehen hätte. Ich musste lachen und ihm recht geben. Wer den größten Teil des Tages mit einer kümmerlichen Fleischpatrone in der Hose herumlaufen muss, kann eigentlich nur über das Leben und alles, was darin vorkommt, lachen. Nur Witzeleien können einen nackten, unerigierten Mann noch liebenswürdig und nicht komplett erbärmlich erscheinen lassen.

Der Frau hingegen bleibt, egal, wie albern sie nackt auch aussehen mag, immer noch die Fähigkeit, innerhalb weniger Monate eine andere, noch nie von der Welt gesehene Person aus sich herausspazieren zu lassen. Beeindruckend. Wer das kann, hats nicht nötig, von irgendetwas abzulenken. Wer das kann, hat vor allem Sinnvolleres zu tun, als sein Antlitz und die angenehme Stimmung für eine potenziell missglückte Pointe zu opfern. Will man sein Publikum richtig zum Lachen bringen, muss man sich auf sehr ehrliche Art exponieren.

Wer Menschen zum Lachen bringt, verlangt außerdem immer auch Aufmerksamkeit, ist dominant und hält das, was er oder sie sagt, für wichtiger als das, was sonst gesagt würde. Je größer das Publikum, umso unkontrollierbarer die Reaktionen, die das Gesagte auslöst. Bringt der Mann tausend Leute zum Lachen, von denen die Hälfte Frauen sind, stehen seine Chancen nicht schlecht, dass gleich mehrere mit ihm schlafen wollen. Das triebgesteuerte Tier freut es, denn je mehr Nachwuchs produziert wird, desto mehr überlebt später auch, dem Witz sei Dank. Ist die Person im Rampenlicht hingegen eine Frau und wollen mit ihr gleich fünfhundert Männer auf einmal ins Bett, bringt ihr das in Sachen Nachwuchsquantität herzlich wenig.

Was an Frauen, die trotzdem gerne öffentlich andere

zum Lachen bringen, anders ist, weiß ich nicht genau. Aber dass man sich von der Ernsthaftigkeit des Alltags nicht überfahren, zerquetschen und verkrüppeln lassen soll, erscheint logisch. Denn weniger lustig als Frauen sind schließlich nur Männer, die einer Frau ganz ernsthaft erklären, dass sie sie überraschend lustig finden.

Im Namen des Fötus,
des Hohns und des ewigen Spotts

Ich versuchte, dem Säugling nicht direkt in die Augen zu schauen. Ich hatte mal irgendwo gelesen, dass das Babys aggressiv mache, und auch wenn das Neugeborene noch keine Zähne hatte, wollte ich lieber nichts riskieren. Schließlich hatte so ein Breivik oder Göring auch einmal keine Zähne gehabt, und keinem von beiden wollte ich freiwillig in die Augen schauen.

Was *ich* denn dazu meine, riss die Mutter der Brut mich aus meinen tiefen Gedanken, *sie* finde ja, ihre Tochter habe genau die Nase des Vaters und exakt ihr Lächeln. Offensichtlich hatten sie mit der guten Figur auch alle guten Geister verlassen. Es ist ja wohl allgemein bekannt, dass das echte, spezifische Lächeln erst irgendwann zwischen dem fünften und siebten Lebensmonat einsetzt, und da Nasen sowieso nie aufhören zu wachsen, handelt es sich dabei um ein denkbar dummes Vergleichsorgan.

Es musste wohl am Hormoncocktail liegen, aber es schien doch etwas dran zu sein am alten Sprichwort »Muttermund tut Unsinn kund«, so war dieser jetzt nämlich dazu fortgeschritten, mir in aller Ernsthaftigkeit von den Schönheiten der natürlichen Geburt zu berichten. Nun, ich weiß ja nicht, aber wenn *ich* zum Beispiel vor der Aufgabe stünde, einen kahlrasiert-schleimigen, adipösen Bernhardinerrüden unter Schmerzen aus dem Haus in den Garten bekommen zu müssen, so würde ich mich vermutlich dazu entscheiden, einfach die Haustüre zu öffnen, anstatt ihn schreiend und stöhnend und jegliche Würde verlierend mit aller Kraft durchs Katzentürchen zu pressen. Es schien mir aber trotzdem keine sonderlich gute Idee zu sein, nun auf ihren vorerst total zerstörten Intimbereich und ihr dahinsiechendes Sexualleben einzugehen.

Ja, zu meinem großen Vergnügen war ich selbst ein Kaiserschnittbaby, was mir die Qual ersparte, bis zu meinem sechsten Lebensjahr irgendwelche albernen Hüte aufgesetzt zu bekommen und mir von diesen ganzen Eltern natal-gepresster Saugglockenkinder Dinge anhören zu müssen wie »Keine Angst, das wächst sich ganz bestimmt noch raus« oder »Ach, also so ein bisschen asymmetrisch find ich ja ganz sympathisch, und es ist ja auch wissenschaftlich erwiesen, dass genau das das gewisse Etwas bei einer Person ausmacht, dieser fast schon hundertwassereske gequetschte Look, dieser Bruch sämtlicher Perspektiveregeln«.

Na ja, das soll jetzt nicht heißen, dass *ich* gar nicht leiden musste, im Gegenteil. Denn wer sein Kind Hazel nennt, vergisst es auch an der Autobahnraststätte. Oder im Bällchenbad bei IKEA, und dann viel Glück bei der Lautsprecherdurchsage, wenn alle Kunden sich fragen, was für ein Esel denn gerne im Kinderparadies abgeholt werden möchte.

Wenn man sein Kind schon nach einem Nahrungsmittel benennen muss, dann sollte es wenigstens etwas Poetisches sein, mit Tiefgang. Charlotte zum Beispiel.

Damit kann man an jedem Elternabend beim Small Talk punkten: Meine Tochter ist, analog zur gleichnamigen mittelasiatischen Edelzwiebel, sehr vielschichtig, und ich müsste vermutlich weinen, wenn ich sie mit dem Messer in viele Tausend Stücke zerhackte.

Inzwischen hatte das Baby begonnen, einen Kotzschwall in drei verschiedenen Aggregatzuständen von sich zu geben. Die Mutter war höchst entzückt und sagte etwas von wegen »Geschenk des Himmels«, »herrlich infantile Unbekümmertheit« und »es geht ja alles viel zu schnell vorbei«.

Warte nur, bis du senil, dement und wieder in Windeln bist, dann kanns dir vor lauter Unbekümmertheit gar nicht schnell genug gehen, dachte ich und war wieder einmal überrascht darüber, wie ausgerechnet die prüdesten Leute immer am offensten über die Freude am eigenen Kind sprechen, wo sie doch über dessen Produktion nie ein Wort verlieren würden. Als wäre der Klapperstorch eine wissenschaftliche (wenn auch an Sodomie grenzende) Tatsache und weitaus weniger pervers als der sexuelle Akt an sich, ganz nach dem Motto: Hello, I am the Klapperstorch, I put the babies in the ladies – und jetzt hoch das Bein, ich habe nicht unbegrenzt Kaulquäppchen in meinem Schnabel, und Sie werden auch nicht jünger, gute Frau.

Nein, so etwas würde ich mir ganz bestimmt nie antun wollen – auf gar keinen Fall unvorbereitet. Also knockte ich die Mutter zur Seite, schnappte mir das Baby und rannte davon. Heute öle ich den Säugling regelmäßig ein und presse ihn durch die Katzentüre. Ich werde bestimmt einmal eine sehr, sehr gute Mutter.

Man, Man, Man

Es gibt wirklich Schlimmeres, als den Namen eines Gesprächspartners nicht mehr zu wissen. Hoffe ich mal. Ich kann mir die meisten Namen nämlich immer nur sehr schwer bis gar nicht merken. Zu einem großen Teil, weil sie mir fast immer ziemlich egal sind, zu einem anderen, weil ich sowieso ständig das Gefühl habe, an zwanzig Sachen gleichzeitig zu denken. Und wenn ich es dann trotzdem mal geschafft habe, mir eine Eselsbrücke – eine Hazels Brugge! Haha! – zu einem Namen zu bauen, gelangt mein Gehirn meist nur die halbe Strecke über den Fluss.

Dann nenne ich einen Toni auch schon mal Johannes, wegen dem Jo in Toni-Joghurt. Oder eine Paula Kleopatra, wegen Paul Klee, und wenn es ganz hart auf hart kommt, muss eine Maike auch schon auch mal mit Würstchen angesprochen werden. Wenn er oder sie dann sagt, dass das nicht sein oder ihr Name sei, dann lache ich und antworte, dass ich das natürlich wisse, hey, hallo, und dass ich jetzt aber mal dringend aufs Klo verschwinden müsse, aus unzusammenhängenden Gründen.

(Im Bad angekommen, der immerwährend selbe Ablauf: Händewaschen zur Ideenfindung, Händeföhnen zur Zeitschindung, weinen, scheitern, durchs Fenster klettern, nach Südamerika trampen, Hepatitis C, Familie gründen in einer Favela, Waffenschein fälschen lassen, Hepatitis D, E und F, Drogenring-Chef, Ausbildung in Vermittlung von indigenem Tanz, zu Gott finden, Pipi machen, Name fällt ein, zurück an die Party und das Gespräch weiterführen.)

Gesichter kann ich mir obendrein auch nicht super merken, es sei denn, da fehlt eine Nase, oder da ist ein Mund zu viel. Mein Leben kommt mir daher manchmal vor wie ein einziges Händeschütteln mit immer wieder neuen Fremden. Fremden, die mir gegenüber schon eine gestärkte Meinung haben und mit denen ich angeblich Erinnerungen teile. Ich fühle mich dann wie der malträtierte Tigerteppich bei *Dinner for One*.

Aber eben, da hält sich das Drama ja noch enorm in Grenzen, bei der ganzen Namens- und Gesichtersache. Man kann immer noch über das Wetter reden, über die Musik, den Apéro und Erbpolitik. Richtig unangenehm finde ich es erst, wenn man sich nicht mehr sicher ist, ob man den Gesprächspartner duzt oder siezt. Dann wird es so richtig kreativ. Dann explodieren die Grenzen von Syntax, Zeitform und Subjekt, aufs Personalpronomen wird einfach verzichtet, oder die ganz Ausgefuchsten wechseln an den kritischen Stellen ins Englische.

Guten Tag! – Erfreulich! – Ja, sehr schön, dass wir uns wieder sehen. – Wie geht es der Frau, was machen die Kinder? – Vorzüglich, Sophia ist nun in der Schule! Und how are you? – Sehr wohlauf, thank you so much! Schule, oh, verrückt, wie die Zeit vergeht. – Ich bin ja wegen XY hier, und selbst? – Interessant, nein, ich wegen C3PO, jaja, aber dochdoch, äußerst interessant, wie steht man denn zu XY? – Also, wie *Mann* dazu steht, weiß ich nicht, ohohoha, aber ich bin sein ehemaliger Mitarbeiter. – Fantastisch. Und nun muss ich los, die Anden rufen, es war schön, dass wir uns so vortrefflich unterhalten konnten! – Man sollte sich mal wieder verabreden, take care, au revoir und goodbye!

Da lobe ich mir doch die Zeit im Kindergarten, wo Duzen und Siezen noch ein grauer Brei jenseits der Selbstwahrnehmung war. Als die Großen einen Nach- und die Kleinen einen Vornamen hatten. Fertig.

Du, Frau Meier, Paula und Toni haben das WC abgeschlossen, grade als ich dorthin flüchten wollte, um mich ihrer Namen zu entsinnen. Du, Frau Meier, kannst du mir nicht bitte helfen, ich muss ganz dringend. – Gleich, Hazel. Mein Name ist zwar Müller, aber das ist nicht ganz so wichtig. Jetzt zieh dir erst einmal wieder das Tigerteppichkostüm an und leg dich hin, es gibt noch viel zu stolpern hier.

Fette Viecher

Angeblich sind fünfzehn Prozent aller Schweizer Haustiere adipös. Ja. Ein regelrechter Brummer, diese Zahl, und trotzdem hat man keine Ahnung, was man damit anfangen soll. »Schwere Knochen!«, wird vielleicht so mancher Tierbesitzer jetzt rufen und hinterherfeuern: »Lieber was zum Anfassen als so ein Hungerhaken von einem Hund! So ein Mannequin ohne Sex-Appeal! Ein zynischer Whippet! Wer will denn schon ein kynologisches Xylophon streicheln!«

Als Kind durfte ich manchmal mit dem Norwich Terrier unserer Nachbarn spazieren gehen. Theoretisch zumindest, denn wirklich spaziert sind wir eigentlich nie, wir saßen immer nur rum, blinzelten in die Sonne und dachten nach. Ich über die Schule, er über Essen. Ein äußerst liebenswürdiges Tier, aber vom Betteln verwöhnt und in seiner ursprünglichen Rattenfängerbegabung verkannt. Er war ein klassischer unheilbar üppiger Vertreter der Klops-Front. Jeden Frühling wurde sein Fell von einem Profi getrimmt, und unter dem struppigen Kopf zeichnete sich der weiche Körper eines Michelin-Rüden ab. Seine Bewegungen wurden immer minimalistischer und sein Atmen flacher. Dieser Hund war wie ein sehr haariger Kalender – mit jedem Jahr kam zuverlässig eine weitere Fettwurst dazu. Zuerst wellten sie sich nur im Nacken, später dann über die ganze Wirbelsäule bis hin zum Rutenansatz. Irgendwann sah er aus wie ein fleischerner Karteikasten, dessen Fächer man mit einem feuchten Baumwolltuch vor Ekzemen bewahrte. Man war sich nicht sicher, ob sein Rücken zu kurz war oder seine Haut zu viel. Von oben sah es aus wie ein ewig langer unrasierter Hals mit Doppel-, Trippel-, Moppelkinn, unter dem die Krawatte wedelte, wenn sie etwas zu fressen sah.

Ich kenne auch viel zu viele kastrierte Kater, die sich den ganzen Tag lang aufgedunsen auf dem Perser fläzen und denen ein formloser Hautsack aus der beschnippelten Bauchregion wächst. Riesige Fettschürzen, die bei jedem Schritt wippen und geschmeidige Wellen schlagen, als hätte der Katerkörper einen Weg finden müssen, seine verkümmerte Libido nach außen zu tragen. Um sein Herrchen Tag für Tag daran zu erinnern, dass er ihn seines natürlichen Auftrags als Jäger und Besamer beraubt hat. Wenn ich schon nicht bumsen soll, dann werde ich halt fressen! Meine Liebe und den Stolz im Cholesterin ertränken! Sahnetorten beim Kaffeeplausch mit den Ladys, Alaska-Seelachs im Garten der weichherzigen Nachbarin, Sheba Gold in der Küche, Brekkies at Tiffany's.

Von den vereinsamten Nage- und anderen Tieren würde ich am liebsten gar nicht erst anfangen. All die depressiven Meersäue, denen die Partner weggestorben sind und die sich jetzt von Körnersnack zu Körnersnack fiepsend durch den Tag angeln. All die Schnecken, die vor Speckigkeit nicht mehr in ihre Häuser passen – oder die unzähligen Hamster, die einfach aus Langeweile immer fetter und fetter werden, bis sie schließlich aussehen wie Mädchen. Also wie kleine Maden.

Es liegt auf der Hand, dass ich jetzt plane, aus diesem Trend Profit herauszuschlagen. Ein Abspeckzentrum für fettleibige Hunde, Katzen & Co. werde ich eröffnen. Eine Art Arche Noah mit Sportangebot und ohne göttlich auferlegten Zwang zum ungeschützten Sex. Armeen von Cockerspaniels beim Zumba, Chinchillas beim Bodypump und Siamkatzen, die im Vibrato die vier Akte der *Aida* auf dem Power Plate miauen.

Es wäre herrlich und ich ohne Zweifel das neue Covergirl der *Tierwelt*. Die Herzen aller Landmaschinenexperten wären mir endlich sicher und mit ihnen der Traum vom grindigen Gehöft in Wallis, Arlberg, Oberpfalz.

Also. Füttern wir die fünfzehn Prozent ruhig noch ein bisschen weiter. Irgendwann werden mein Landmaschinenmann und ich die ganze Mastarbeit zu schätzen wissen.

Jahrmarkt

Jetzt habe ich offiziell jeden Grund zur Befürchtung, langweilig geworden zu sein. Ich war auf einem Jahrmarkt im Nordosten Bayerns, und es hat mir keinen Spaß gemacht. Anstatt die Arme in die Luft zu strecken und zu kreischen, habe ich mich auf den Todesfahrgeschäften versteift und durch die zusammengebissenen Zähne geflucht. Beim Höchsttempo habe ich auszurechnen versucht, wie viel es wohl kosten würde, mein Zuhause rollstuhlgerecht umzubauen. Dann habe ich mich gefragt, ob ein Tod auf dem Rummel denn nun als Tragödie oder Dummheit eingestuft würde. Und schließlich, ob mir mein Verlag wohl eine Sekretärin zahlen würde, wenn ich die Bahn halsabwärts gelähmt wieder verlassen würde. (Eine Frage, die hoffentlich noch länger offenbleibt.)

Für zwei Euro gibt es Zuckerwatte so groß wie dicke dreijährige Kinder, für fünf fünfzig triefende halbe Hendl in der Tüte. Immer wieder übermannende Wellen von Bratfett, Fisch und Magenbrot, gejagt von Techno-Bässen und den Lautsprecherdurchsagen totgelutschter Jahrmarktbetreiber. »Arme hoch, ihr Heulsusen, jetzt gehts erst richtig los!« Überall besoffene Rudel von Trachtenträgern. Die Buam in Lederhosen, Wadenwärmern, Westen aus Filz und Seide und die Madl in Zöpfen, Dirndl und mit verlegenem Lächeln.

Eigentlich alles supermegalustig, aber mein tiefstes Inneres sehnt sich wohl nach Bausparplänen, Sicherheit, Pauschalurlaub. Ich möchte nicht am helllichten Tag vom Boden irgendeines Vergnügungsparks gekratzt werden. Ich möchte mit gemachter Steuererklärung sterben. In einem Pyjama, bei dem Unter- zu Oberteil passt, sowohl farblich als auch in Sachen Material. Damit der Gerichtsmediziner weiß, was für eine korrekte, tolle und vernünftige Person ich nicht nur war, sondern selbst als Tote noch bin.

Als im »Jolly Jumper« einer Chiemseer Mädchengruppe vor lauter Turbulenzen die Unterröcke der Dirndl über ihre Köpfe flog, konnte ich nicht mal schadenfreudig lachen, sondern hatte Mitleid. Ich habe mir so lange angsterfüllt in den rechten Oberschenkel gekniffen, dass meine Hand taub und mein Schenkel dunkelblau wurde. Ein Dunkelblau, mit dem man nichts, was Spaß macht, zeichnen könnte. Kein Zweifel, ich werde weich. Ich glaube, die Zeit hat meine Unbeschwertheit gegen Kalkulation eingetauscht. Eindeutig ein erster Schritt in Richtung Trinität von Mutterschaft, Menopause und Tod.

Es gibt Dutzende Bilder von mir aus der Schulzeit, wo ich im Europapark extra gelangweilt wirke und mitten in der schärfsten Kurve der Achterbahn Reiswaffeln esse, meine Nägel feile oder auf die Flikflak-Uhr starre. Und jetzt? Wie finde ich wieder zu meinem peppigen Selbst zurück? Muss ich jetzt nach Goa trampen? Work and Travel, Magic Mushrooms, Sex mit Fremden im Monsun? Soll ich mich am Ende tätowieren lassen, um mir zu beweisen, dass ich immer noch dumm und kurzsichtig genug bin, um als cool durchzugehen? Eine fotorealistische Darstellung von Sepp Blatter beispielsweise, ja, das wäre semipolitisch und blöd genug, dass man mich nicht mehr ernst nehmen und als Erwachsene betrachten könnte. Sepp Blatter von hinten, wie er nackt ein Bier aus der untersten Schublade des Eisfachs zieht. Auf ewig schmerzhaft eingebrannt in mein ängstliches Fleisch.

Oder ich lasse mir mein eigenes Gesicht von vor drei Jahren aufs Gesicht tätowieren, damit ich bis in alle Ewigkeit aussehe wie achtzehn. Dann bin ich für immer cool. Also Arme hoch, ihr Heulsusen, denn jetzt gehts erst richtig los.

Wie es geht

Und wie ich so lustig durch den Hauptbahnhof in Nachtstimmung tänzle, geschickt Jägermeisterkotzpfützen ausweiche und dabei nicht minder erotisch wirke als eine Cosinuskurve, die sich elegant um eine x-Achse schlängelt und dabei mit mutigem Blicke der Unendlichkeit in die tiefen, undifferenzierbaren Augen blickt – da stehst du plötzlich vor mir. Mit deinem dümmlichen Gesicht, spärlichen Bartwuchs und unbehaglichen Körper stehst du da und hast mich leider schon gesehen.

Wieso musste es auch so beschwerlich und Kräfte verschleißend sein mit uns? Warum gibt es denn eigentlich keine Liebesgeschichte, die so endet: »Und mit einem feuchtwarmen postkoitalen Händedruck verabschiedeten sie sich voneinander.« Nein, so endet wahrlich nie eine Liebesgeschichte, das wäre viel zu unkompliziert, keine Liebe also.

Du winkst mit deinen blöden Armen, die mir ohnehin nie stark genug waren und bei denen am Ellbogen so ein komischer Knochenhubbel heraussteht, der jeden Anatomiestudenten in den Wahnsinn treiben würde und den ich anfangs so interessant und anziehend gefunden hatte, der mich am Ende dann aber so nervte, dass ich

ihn sogar als Hauptgrund für unser Scheitern bezeichnen
würde. Leute kommen ja immer aus irgendwelchen un-
erfindlichen Gründen zusammen und trennen sich dann
aus genau den gleichen Gründen wieder.

Aus Höflichkeit oder Sitte oder Mitleid, oder was auch
immer hier die treibende Kraft war, komme ich zu dir
rüber, und du fragst mich möglichst lässig, den Jäger-
meisterkotzpfützengestank ignorierend:

»Na, wie geht es dir?«

Wie es mir geht, willst du wissen, nun, ich will dir
antworten, so verdienst du es doch, eine richtige Antwort, denn auf eine unwahre Frage kann man nur eine
richtig echte Antwort geben, um hier irgendetwas zu
beweisen.

Der Tresen war gut zu mir, und so verspüre ich nun
einen Anflug eines Katzenjungen, das in meinem Kopf
gedeiht und bald rumpisst wie ein richtiger ausgewach-
sener Kater. Doch das ist alles noch gar nichts, denn kör-
perlicher Schmerz ist wie das Leben rein fiktiv und vor-
gelogen, nichtig und vergänglich – aber meine Liebe für
die barocke Kunst hast du ja ohnehin nie geteilt.

Ich mache mir große Sorgen, ja, ich mache sie mir
ganz selbst und bin dabei nicht auf deine Hilfe angewie-
sen, mache mir Sorgen darüber, in was für einer Welt
meine Kinder einmal aufwachsen werden – nicht, dass
ich einmal Kinder haben möchte, igitt –, in einer Welt,
in der man Bücher nur noch aus dem Fernsehen kennt,
Knie nach Millionen von Jahren von Evolution immer
noch so aussehen wie geliftete Kamelhoden, in der man
einen Ablativ nicht mehr von einem Aperitif zu unterscheiden weiß und in der man sich über die schlechte

Stimmung in der Schweiz schon im Kindergarten aufregt, in Mundart, versteht sich.

Wie es mir geht? Nun ja, ich habe eigenartige Gelüste: Gerade jetzt möchte ich gerne mit dem Mittelfinger gegen deinen schluckenden Adamsapfel schnipsen, würde dir gerne ein rostfreies ultraleichtes Hüftgelenk aus Titan mit einem Schwenkbereich von siebenhundertzwanzig Grad einbauen, nur damit du dich ins Knie ficken kannst – ja, und warum kann ich nicht einmal so tun, als hätte ich das Tourettesyndrom, ohne dabei diskriminierend zu wirken –, scheiß Kack-Scheiß, Arsch, Pimmel, Fick. Ich möchte gerne die Büchse der Pandora vor dir öffnen und dann ein halbes Kilo Minz-Menthos hineinwerfen, damit alles Böse auf einmal fontänenartig in dein Gesicht spritzt. Und du weinst.

Es kann ja nicht sein, dass ich mein komplettes Selbstwertgefühl darauf begründe, die *Zwanzig Minuten* in unter vier zu lesen. Ich möchte gerne immer die Erste sein, die im Bus den Stoppknopf drückt. Ich möchte mich auch einmal im Supermarkt vor die Kasse schmeißen und schreien: »Ich will jetzt diesen Lolli«, bis ich ihn auch kriege und dafür nicht nur nicht bezahlen muss, sondern auch doppelt Sammelpunkte bekomme. Ja, so sollte das Leben sein, aber das ist eine offensichtliche Tatsache, und da brauchst du mich ja nicht zu fragen, wie es mir denn gehe.

Diese Wortfontäne hätte ich dir gerne an den Kopf geworfen, in die Augen gerieben und den Nasenkanal hochgesteckt, mit einem Schwamm aufgesaugt und dir dann langsam und eiskalt über den Rücken geträufelt.

Aber vielleicht wird das aus uns beiden doch noch was Richtiges, weil so schlimm war es ja auch wieder nicht, und wenn ich ihn mir jetzt so anschaue, deinen Ellbogenknochen, dann finde ich ihn eigentlich ganz süß.

Also danke, ich schätze, es geht mir ganz gut.

Der dicke Fisch im leeren Becken

Man kann nicht stolz darauf sein, Schweizer zu sein. Nicht, weil man nicht sollte, sondern einfach, weil das Konzept der Nationalität viel zu abstrakt und willkürlich ist. Stolz sein sollte man nur auf Selbsterreichtes. Aber hey. Wenn man schon kein Patriot sein kann, dann kann man doch wenigstens stolz darauf sein, im gleichen Land zu leben wie Roger Federer. Dachte ich mir, und mache mir seit Längerem einen Scherz daraus, zu testen, wo die Fremdbelorbeerung ihre Grenzen hat. Wie weit können Ernte und Saat inhaltlich auseinanderliegen, bevor der Bauer merkt, dass diese Beeren nicht für ihn gewachsen sind?

Roger Federer ist der Hoden der Nation. Wer ihn an der falschen Stelle angreift, soll mit lang anhaltenden Schmerzen und fatalen Spätfolgen rechnen. Er ist die Hülle, in der man seine sonst unterdrückte Hybris ausleben darf. In ihm hockt mehr projiziert-helvetischer Stolz als im Alpenmassiv, denn obwohl man zu beiden nichts beigetragen hat, ist man zumindest auf molekularer Ebene einem Tennisprofi ähnlicher als einem Schnitzchen Matterhorn.

Die Berge bleiben, ein Sportler geht vorbei, und was der urbanen Jugendschar die »gefickte Mutter«, das ist dem gehemmten Patrioten der kritisierte Federer: ein rotes Tuch. Zu Federer haben fast alle eine Meinung – wenn auch nur Daumen hoch oder runter –, und das, obwohl er selbst zu fast nichts eine hat. Er ist kompromissbereit und schweizerisch wie der vermenschlichte Verkehrskreisel, nur weniger verrückt dekoriert.

Ich übe mich also regelmäßig darin, an Apéros und anderen sozialen Zwangsanlässen herauszufinden, worin dieser Stolz begründet liegt. Dass Federer medial übervertreten sei, sage ich dann, und nicht wisse, wann genug sei mit seinen Werbekampagnen. Dass er zu glatt sei, um ein echtes Idol zu sein. Stan Wawrinka zieren immerhin noch Aknenarben, die mich selbst menschlich fühlen lassen. Dass Federer eine Präsenz habe im öffentlichen Raum, die der eines Diktators nahekomme, sage ich zu den Leuten, und dass übertriebener Stolz auf einen Fremden genauso wenig Sinn ergibt wie übertriebener Stolz auf ein Land. Das bringt die Flûte knabbernden, Prosecco schlürfenden Partygäste dann jeweils konfessions- und parteiübergreifend zur Weißglut. Sie reagieren, als hätte ich soeben ein Foto des Papstes als Kleinkind angezündet. Oder als hätte ich einen rasierten, bleichen Hund als Michael Jackson verkleidet und in Rollschuhen rückwärts über eine Bühne geschleift und laut »Moonwalk, Moonwalk, the King is back!« geschrien.

Keine Frage, Roger Federer spielt gut Tennis, aber warum beharren wir denn so auf dieser einhodigen Stolzgesellschaft? Es gibt sonst keine Schweizer Stars. Warum lassen wir keinen Ruhm für andere Kompetenz übrig? Geschieht es aus Angst, jemanden anzuhimmeln, der eine Meinung jenseits von Kaffee, Rasierklinge und Lindorkugel vertritt? Oder aus Angst, dass dann die Grenze zu den Irina Bellers und Vujo Gavrics der Nation fließend wird? Stop making stupid people famous, klar. Der dicke Fisch scheint eben immer am allerhellsten, selbst wenn das Becken leer ist. Und weil es leichter fällt, eine einzige Person anzubeten, als sich selbst im Klaren darüber zu sein, dass es in Wirklichkeit ganz viele Leute gibt, die besser sind als man selbst.

Es sei denn natürlich, Federer verliert. Dann maulen wieder alle, er hätte den Absprung verpasst, der Basler Ikarus, und könne niemals mehr in Würde altern. Dann ist es wohl an der Zeit für eine stolze Kastration.

Der Metzger und die Hantelbank

N och nie spielte der menschliche Körper in Sachen Überlebenspflicht eine so undankbare Rolle wie heute. Er ist degradiert zum fleischigen Souffleur, der die knöchernen Sprechpausen des Gehirns überbrückt. Wir müssen unser Essen nicht mehr jagen, sondern lassen uns langsam davon töten. Wer bei der Arbeit schwitzt, wird in der S-Bahn ausgelacht, und für alles online reicht ja ein einziges gutes Foto vom eigenen Gesicht. Die zehn reichsten Menschen der Welt haben ihren Reichtum allesamt durch ihren Geist erworben, sie haben keine Figuren, sie sind welche. Taktische Füchse, die in den Körpern teigiger, alternder Männer stecken.

Ganz normal also, dass es da eine Gegenbewegung geben muss: »Es ist an der Zeit zu pumpen. Es ist an der Zeit, Darwin mal hart die Brustmuskeln um die Ohren zu pfeffern und den Bizeps beim Würgegriff in seinen Bart zu schlagen.« Sagen sich die Youngsters und nehmen sich das Recht, zu tun, was nur die jungen Leute dürfen. Nämlich swaggy Motherfuckers zu sein und den Alten ihre Vergänglichkeit unter die Nase zu reiben.

In hormongeladenen Rudeln stapfen die Zwanzig- bis Dreißigjährigen stolz und breitbeinig durch die Gänge der Fitnesszentren des Landes, auf der Suche nach einem anderen Geschlecht, das leicht zu beeindrucken und noch leichter mit nach Hause zu nehmen ist. Aufgedunsen wie Weckmänner mit zu hohem Hefegehalt. Irgendwie sehr süß, das Ganze, und auf erfrischende Art ziellos diszipliniert. Aber eben irgendwie auch schwer verstörend. Die Brustwarzen schielen stolz in alle Richtungen wie schräg sitzende Rosinen, darunter zuckendes rohes Fleisch. Die Frisuren überzeugen durch militärische Einheitlichkeit, man wartet noch auf Leni Riefenstahls Kamerateam. Bloß Tonpfeife und Hagelzucker fehlen noch auf den Bäuchen der jungen Männer, dann wäre der Anblick vorweihnachtlich perfekt, und ich könnte vor Freude quietschen wie ein Kälbchen bei der Brandmarkung.

Leider geht die Erotik im Körperkultwahn verloren. Wer beim Wichsen in den Spiegel schaut, kann nicht reflektiert romantisch sein. Was bleibt, ist lebender Metzgerporno. Zucken und Spannen ersetzen Charme und die Leidenschaft von Gesprächen, dicke Adern ersetzen Inhalt, unterhalb der gestriegelten Vollbärte lauern eingeölte, rasierte Rinderkörper, die nicht wissen, was sie tun. Und wozu der ganze Zirkus? Es ist ja nicht so, dass die Frauen weniger würden oder vom Angebot unabhängig ihre Nachfrage änderten. Hat es damit zu tun, dass Filmschauspieler mit zunehmender Bildqualität immer intensiver an sich meißeln müssen? Sechs Prozent Körperfett in High Definition sehen in 4K immerhin aus wie fast neun. Oder sind am Ende Alice Schwarzers Jüngerinnen schuld? So lange auf Gleichheit pochen, bis der hormonelle Gegenbeweis in die Praxis umgesetzt wird?

Aber wenn das Eisen gut in der Hand liegt, ist Hinterfragen überflüssig. Zu siebt, acht, neunt stehen die jungen

Männer in den Klubs herum und warten mit gefüllten DNA-Tanks auf dieselbe Anzahl junger Frauen, um sie zu beglücken. Oder zumindest auf Rodin, damit der sie in Flüssigbronze tauchen und endlich zu Objekten der Kunsthistorik machen kann.

Wer einen Weckmann schon einmal ein paar Tage lang aufbewahrt hat, weiß, wie schnell aus dem buttrigen Teig ein spröder Wicht wird. Aber vielleicht geht der Trend ja bald einen Schritt weiter, und wenn die Muskelmänner von heute alt und körperlich unbrauchbar sind, lauern draußen Herden junger Wilder, die mit Neandertal-Erotik punkten und für die kommende Generation von Hand Rinder einfangen und rasieren.

Das Glück bei den Füßen gepackt

Veganer verzichten freiwillig auf alles, wofür Tiere leiden mussten, also auch auf Fleisch. Doch das könnte bald der Vergangenheit angehören.

Noch nie war die Nachfrage nach Fleisch in Deutschland so groß wie heute, noch nie waren Landwirtschafts- und Masttechniken so ausgeklügelt. Der Traum vom Schwein, das friedlich im Schlamm steht und alte Kartoffelschalen und Gemüsereste frisst, ist Geschichte. Der Menüplan von Nutztieren hat einen neuen Geheimagenten, der die Tiere mehr zunehmen lässt als alles zuvor: Glukose-Fruktose-Sirup, oder schlicht Maissirup. Es ist das neue Mädchen für alles in der Landwirtschaft und verhilft den Bauern landesweit zu Spitzenwerten in Sachen Gewichtszunahme, während sie gleichzeitig die Futterkosten auf einem Minimum halten.

Doch die flüssige Süße hat auch ihre schlechten Seiten. Der Zucker, der im konzentrierten Maissirup nicht mehr an Ballaststoffe gebunden ist und in Form von Fruktose insulinunabhängig verstoffwechselt wird, führt zu einer schnellen Gewichtszunahme bei den Masttieren, welche wiederum den Typ-2-Diabetes fördert. Werden die Tiere früh geschlachtet, ist die massive Verfettung der Schweine für den Verkauf von Vorteil. Erreichen die Paarhufer jedoch das Erwachsenenalter, haben sie vermehrt mit gesundheitlichen Problemen zu kämpfen. Mehr und mehr Bauern bekommen allmählich die Schattenseiten der extremen Mastkultur zu spüren: Die schmerzleitenden Nervenfasern in den Beinen der diabetischen Tiere sind geschädigt, und es kommt vor, dass ihre Füße zwischen den Stangen im Käfigboden zu faulen beginnen. Doch kein Notstand ohne Abhilfe. Eine junge Frau aus Hamburg hat sich den Fall zu Herzen genommen und beschlossen, das Problem bei den Hufen zu packen.

Gesa Schäfer (34) hat Tiermedizin in München, Sydney und Beirut studiert und lebt seit zwanzig Jahren vegetarisch, die letzten vier sogar vegan. Sie trägt kein Leder, isst keinen Honig, keine Milchprodukte oder Eier, und bisher nahm sie auch kein Fleisch zu sich. Doch das soll sich nun ändern. »Die Nachfrage nach Fleisch wächst stetig, und wer leidet, sind die Tiere«, sagt Schäfer, die sogar auf Wolle oder Seide verzichtet. »Erkrankt ein Nutztier, landet es unverzehrt in der Kadaversammelstelle und schadet so dem Klima. Oftmals ist bei den erkrankten Tieren jedoch nur der Vorfuß betroffen. Anstatt das Tier zu töten, amputieren wir den Huf und meistens vorsorglich auch den ganzen Lauf«, erklärt Schäfer, die deutschlandweit als einzige Fachperson für Diabetes-bedingte Amputationen bei Haus- und Nutztieren gilt. Schäfer weiß aber auch um die wirtschaftlichen Vorteile, die frühzeitige Amputationen mit sich bringen, denn der Markt für tierfreundliche und vegane Lebensmittel boomt nicht nur in Hamburg und Berlin, in allen europäischen Großstädten ist solche Ware heiß begehrt.

»Vegan« sei kein geschützter Begriff, und da für den »Glücksschinken«, wie Schäfer ihn nennt, keine Tiere getötet, sondern durch ihn sogar Leben gerettet würden, habe die selbst ernannte Schweineflüsterin auch kein Problem damit, das Fleisch als »vegan und aus fairem Handel« zu verkaufen. Das Geschäft ist Akkordarbeit, rund acht Euro kriegt Gesa Schäfer für das verkaufte Kilo Biotier, bei konventionell gehaltenen Schweinen sind es immerhin noch drei. An den Operationen selbst verdient sie nicht viel, behauptet sie, das sei doch Ehrensache, und der wahre Ertrag liege ohnehin im Verkauf. Dies bestätigen die Metzger, die sich über die Marktlücke freuen, da nun selbst die eingefleischtesten Veganer wieder bei ihnen vorbeischauen.

»Würden wir die Beine nicht amputieren, erlägen die meisten Schweine ihren Verletzungen oder würden kaltherzig eingeschläfert«, meint Schäfer, »und mit dem extra Geld, das ich an dem Schinken verdiene, kann ich saubere Operationen gewährleisten. Wir tun der Tierwelt damit also allgemein einen Gefallen.« Viele der Bauern, die mit Maissirup die Mast unterstützen, sind für diese Fälle nicht versichert und können sich keine Injektionstherapien leisten. Kriegt ein Tier Diabetes, landet es also meist sofort in der Tonne und mit ihm viel Geld. Die Amputationen sind sicher und haben eine hohe Erfolgsquote. Und nicht nur die Schweine sind glücklich – Gesa Schäfer hat durch ihre Arbeit mit den diabetischen Tieren einen Weg gefunden, wie auch Tierfreunde in den Genuss von Fleisch kommen können. »Auch wenn ein Schwein mit einem Bein weniger nur drei Viertel des Glücks bringen sollte, ist mir das fürs Leben noch genug«, lacht Schäfer und fügt hinzu: »Die einzigen, die wir jetzt noch für die Haxen begeistern müssen, sind die Muslime.«

Bevor man gezeugt wird,
ist das Leben noch in Ordnung

Schatz«, sagst du, »man kann sein eigenes Glück nicht schmieden.« Ich sage »doch«, nehme den Hammer in die Hand und forme damit deine Ansichten und vor allem aber deinen Kopf neu.

Ich habe nichts gegen das Glück oder das Glücklichsein, nur etwas gegen die Leute, die es immer und überall in der Öffentlichkeit ausleben. So wie ich auch nichts gegen Pferde habe und trotzdem finde, dass Pferde*besitzer*, die mit Glitzerstickern und Pseudoweisheiten die Poesiealben und Mädchenseelen dieser Welt verpesten, zu den gestörtesten Menschen überhaupt zählen: Leute, die Dinge sagen wie »Das Glück ist wie ein Pony-Euter, das man bei richtiger Fütterung jeden Tag aufs Neue leer melken kann«, verdienen kein Glück, mein Schatz, sage ich.

Die Tatsache, dass wir uns »Schatz« nennen, sagt ja eigentlich schon genug über unsere Beziehung aus, denn »Schatz« ist der Dieter-Bohlen-Popsong unter den Kosenamen, »Schatz« nennen sich nur die endgültig Entliebten an der Klippe ihres Beziehungsendes oder aber, was ja fast noch schlimmer ist, *die* Leute, die zwar glücklich miteinander sind, dafür aber so Dinge tun wie nach der Landung des Flugzeugs zu klatschen und sich zu Weihnachten einen Brunch-Gutschein zu wünschen.

Ja, richtig gute Kosenamen sind einzigartig und individuell angepasst wie zum Beispiel »mein Flundermäulchen« oder »Regenbogenpüpschen« oder auch »mein Couch-Ritzchen«, wie du *mich* immer nanntest, weil du beim Sex mit mir immer daran denken musstest, wie du dir einmal fast das Handgelenk gebrochen hast beim Versuch, die Fernbedienung des Fernsehers aus den hinteren Tiefen unseres ausgefransten Ledersofas hervorzupulen. Aber das geht jetzt vielleicht zu tief in mein Privatleben hinein.

Du sagst zu mir, dass das mit uns einfach nicht das Wahre sei, nicht *the real shit*, dass ich gerade mal so echt sei wie jemand, der durch zwei schlecht vorgetäuschte Orgasmen gezeugt wurde, eben sein könne. Und ich versuche nur krampfhaft, den Brechreiz zu unterdrücken, denn sich die eigenen Eltern beim Zeugungsakt vorzustellen, ist ja wohl das Ekligste überhaupt. Zumal meine Mutter bei jeder Familienzusammenkunft stolz betonen muss, dass ich ihr Wohnzimmerteppich-Kind sei, und dann unter Grölen und Jaulen aller Verwandten pantomimisch darstellt, wie genau man sich beim Kindermachen eine Schürfwunde an der Stirn einholen kann.

Überhaupt stehe ich der Kinderzeugung oft viel zu paranoid und unglücklich gegenüber und frage mich unnötige Dinge wie: Wie wäre es wohl, wenn all die Kinder, deren Zeugung durch das Tragen eines Kondoms je verhindert wurde, plötzlich zum Leben erwachten?

Die zehn hübschesten dürften dann mit dem Papst auf Missionierungs-Welttournee gehen, während die zehn hässlichsten dieser Kinder als Werbeträger für irgendeine Verhütungsmittelfirma arbeiten und ihr Gesicht für die

Warnbilder auf Kondomschachteln hinhalten müssten. Zusammen mit catchy Slogans wie »So was wie ich, das muss nicht sein, komm lieber in nen Gummi rein« oder auch »Eins, zwei, Sperma, Kinder machen ärmer, drei, vier, Eierstock, auf Armut ham wir keinen Bock«.

»Schatz«, meinst du, und dass ich aufhören solle, mir so viele Gedanken zu machen, und weniger mürrisch sein, mehr lächeln und dabei meine schönen Zähne zeigen. Aufhören zu denken und glücklicher werden.

Und ich würde das ja auch gerne tun, mehr lächeln, weniger denken und meine Zähne zeigen und ständig grenzdebil in der Gegend herumgrinsen, aber es ekelt mich zu sehr an, zu wissen, dass das Gebiss der einzige Teil des Skeletts ist, den man beim Menschen einfach so Tag für Tag sehen kann. Ein breites Grinsen also nicht mehr ist als der optische Vorgeschmack auf den Tod, der als Knochengestell im Menschenfleischmäntelchen auf uns alle wartet.

»Schatz«, sagst du, »man kann sein eigenes Glück nicht schmieden.«

Ich sage »stimmt«, nehme den Hammer in die Hand und forme damit meine Ansichten und vor allem aber meinen Kopf neu.

Only the Breast

Wussten Sie, dass mehr als ein Zehntel der online verkauften Muttermilch mit Kuhmilch gestreckt ist? Potz Blitz. Schockierend, ich weiß, aber genau das habe ich neulich in einer Studie einer Kinderklinik in Columbus, Ohio, gelesen.

»Bää, Muttermilch«, dachte ich mir dann und musste mich im Anschluss fragen, warum es mir weniger Ekel bereitet, den Nippelsaft von Kuhfrauen zu trinken als denjenigen von Menschenfrauen. Außer natürlich das Edelbräu meiner eigenen Mutter. Also, früher, meine ich. Nicht, dass Sie mich falsch verstehen. Jetzt geht das Gesöff mich ja nichts mehr an. Komplett abgestillt, würdige ich dem mütterlichen Busen höchstens ab und zu mal einen verstohlenen Blick in die Zukunft des eigenen Zerfalls.

Die Studie machte mich jedoch auf einen mir bis dahin unbekannten Markt aufmerksam. Da gibt es doch tatsächlich wireless Ammen, die ihr Sekret verticken, Frauen auf Pump. Dreißig Milliliter für einen Dollar fünfzig, manchmal gibts auch Discount-Angebote für unter neunundneunzig Cent. Liquid Gold, ob gefroren oder frisch gezapft, hier ist für jeden was dabei. Only the Breast eben, so heißt das Portal, das Muttermilch-Anbietende und -Suchende miteinander verknüpft.

Erstere werben damit, wie fett und chunky ihre Babys sind und wie viel ihre Hupen überproduzieren. Richtige Wonneproppen sieht man auf den Fotos, strahlende Windelbuddhas mit fünf, sechs, sieben Kinnen. Ich jauchzte auf und war drauf und dran, mir eine Dreißigerpackung aus Missouri schicken zu lassen. Dann fiel mir ein, dass ich ja gar kein Baby habe, das ich füttern könnte, und ich jauchzte noch ein bisschen lauter.

Es muss hart sein für Mütter, wenn sie nicht stillen können. Da brütet man ein Dreivierteljahr lang an dieser Made rum, verzichtet auf Softeis und Rohschinken, schwillt an und dehnt sich, dass es nur so eine Freude ist. Man streicht Wände an und findet Namen, presst die Brut dann schließlich raus, liebt sie abgöttisch, und dann bleibt die Bar einfach geschlossen.

Eine der renommierteren Zitzensuppen-Brauerinnen ist Ashley aus Florida. Drei Dollar für eine Unze Juice aus ihren Hupen. Angeblich hat sie mehr als zweitausend davon zu Hause im Gefrierfach. Also rund sechzig Liter. Damit könnte man eine Mercedes A-Klasse über den Rand hinaus volltanken. Man müsste das Auto dann über die Schulter hieven und ihm das Dach tätscheln, bis es aus dem Tank raus rülpste.

Ja, keine Zweifel, an der Landwirtschaftsmesse wäre Ashley ein Star. Bei ihr bekäme selbst der hinterwäldlerischste Bauer feuchte Äuglein. Die konservativen Parteien würden sie glatt als Wappentier buchen, und man könnte auf ihr für Kampagnezwecke ins Parlament reiten. Ashley hätte einen privaten Salzschleckstein im Massenlagerstall. Eine echte Wucht. Aber Ashley hat noch mehr auf dem Kasten: In ihrem Gefrierfach warten sechs Liter

Kolostrum auf ein Neugeborenes, das gemästet werden will. Sechs Liter! Kolostrum – Frühmilch, Vormilch –, mehr Protein, weniger Fett, genau das frisst man in den ersten fünf Lebenstagen. Und Ashley hat gleich sechs Liter davon rumliegen, diese Ashley und ihre Zaubertitten, potz Blitz.

Aber wie bei allen anderen Internetmilchspenderinnen weiß man auch bei Ashley nicht, ob sie ein ausreichend gesundes Leben führt. Ob sie kifft, trinkt oder die Muttermilch nicht doch mit Kuhmilch panscht. Wobei der Vorteil bei der Kuhmilch immerhin wäre, dass die Rinder mit ihren Hufen weder Schnapsglas noch Joint so richtig gut greifen können.

Tiere quälen

Ich saß am Teich und ließ meine wolligen Hobbitfüße baumeln. Kurz entschlossen griff ich nach dem Brot in der alten Stofftüte neben mir, riss ein paar Fetzen ab und warf sie dem Schwan, der vor mir im Wasser herumlümmelte, an den Kopf. Es war ein zwei Wochen alter Laib Pumpernickel mit Urdinkelextrakt, sodass es auch richtig schön kratzt in den Schwanenaugen.

Klammerbemerkung: Ich weiß gar nicht, ob Schwäne Kontaktlinsen tragen, aber wenn ja, dann hoffe ich doch sehr, dass etwas Urdinkelextrakt unter die Linse gerutscht ist. Aber ich glaube eigentlich nicht, dass sie Kontaktlinsen tragen, denn das wäre schon sehr eigenartig, zumal sie nicht einmal Daumen haben, mit denen sie beim Anziehen der Linsen ihre unteren Augenlider herunterhalten könnten. Klammerbemerkung zu Ende.

Die grazilen Tiere rissen sich um die Brotreste, ein Anblick, der noch schöner war als der von dicken Babys in Blumentöpfen. Und wie ich da am Teichrand saß und die fetten Schwäne fütterte – die alten Leute um mich schauten mich ganz neidisch an, ja, so einen kräftigen Wurfarm hatten die schon lange nicht mehr gesehen, einer verschluckte beinahe sein Gebiss vor lauter Bewunderung –, da überlegte ich mir schon, warum wir

Menschen überhaupt Tiere essen mussten. Wo wir doch Pumpernickel mit Urdinkelextrakt hatten. Wäre unser Leben wohl anders, wenn da Wesen wären, die uns Brot zuwürfen und lächelten, jedes Mal, wenn wir im Gesicht getroffen würden?

Einer der Schwäne – oder Schwäninnen, ich weiß gar nicht, wie man die auseinanderhält, sollen die sich doch auch so grüne Bademützchen aufziehen wie die Erpel, dann würde man die Schwäne wohl Schwerpel nennen –, einer der Schwäne blickte mich also böse an. Vielleicht war er gar nicht böse, aber er wirkte so, als wäre er wirklich böse. Andererseits wirken Schwäne ja immer böse, scheiß Misanthropen. Na gut, wer kann es ihnen schon verübeln, ich wäre auch böse, wenn Natalie Portman den Ruf meiner ganzen Spezies versaut hätte. Er blickte mich also böse an und sagte, von sich selbst überzeugt und aus tiefster Brust: »Gib mir mehr Brot, oder ich kack dir ins Gesicht.« Er musste wohl schwansinnig geworden sein, so mit mir zu sprechen, und entrüstet pustete ich ihm die letzten Brotkrumen in die Augen – bis er bitterlich weinte und so ein hämisches Lächeln auf mein Gesicht zauberte.

Es war mir eine wahre Freude. Ein weinender Schwan! Nach Jahren der Unterdrückung hatte ich endlich genügend Mut aufgebracht, um mich zu wehren, und mir wurde klar, dass es nicht generell falsch sein konnte, Tiere zu essen. Denn wie bei den Menschen gab es durchaus auch Arschlochversionen unter den Tieren, und wieso sollte man die nicht essen dürfen? Die sind ihres Lebens doch ohnehin nicht mehr froh, und da wäre es ja eine wahre Erlösung, könnten sie auf meinem Teller als schwer verdauliches Schwanenschnitzel enden. Ob sie dann auch schmecken, ist eine andere Frage. Ganz bitter vermutlich und zäh, einfach alt. Wenn man schon Fleisch essen muss, sollte man ein todtrauriges einem glücklichen Huhn vorziehen, ja, wieso kann es nicht einmal ein suizidaler Seelachs sein oder auch einmal eine Borderline-Bolognese mit Bindungsproblemen? Und was passiert mit all den Emo-Kühen, die mit den aufgeritzten Eutern, isst die denn niemand?

Ja, lasst doch all die glücklichen Wesen am Leben und stürzt euch auf die Batterienhühner und lichtlosen Lämmchen, kauft den emotionalen Dreck und fresst ihn und lasst die frohen weltfremden, Birkenstocksandalen tragenden Biotiere mit ihrem wallenden Achselhaar weiter grünstes Gras verdauen – es würde ja schließlich auch niemand auf die Idee kommen, ein Waldorfschulkind zu essen.

Andererseits: Wo kämen wir denn da hin, wenn wir alles Unglück dieser Welt in einen Topf werfen und anschließend verspeisen würden – ja, wer würde denn dann noch in Banken oder Polizeistationen arbeiten, wer vom Amt für Statistik riefe bei mir am heiligen Sonntag an? Dann wären der Papst und ich ja die einzigen Überlebenden. Nein, das kann ich nicht verantworten, mit dem Lümmel will ich sicher nicht Adam und Eva spielen, um die Menschheit zu retten. Zumal ich sicherlich die Rolle des Adam übernehmen müsste.

Also spuckte ich den Schwan wieder aus und kaufte mir auf dem Heimweg noch einen Laib Pumpernickel mit Urdinkelextrakt.

Prinzipien der Wurstlehre

Was?! Würste sind krebserregend? Ich glaub, es hackt. Ich war bislang felsenfest davon überzeugt, Würste seien so etwas wie das Gelée royale der Metzgerszene. Die aus Tierabfällen, Salz und Kunstdarm gewonnene Ambrosia des kleinen Mannes. Ein Superfood, wie Gott es schuf.

Ich weiß nicht, ob Sie wissen, wie ich mich fühle. Da versuche ich jahrelang – naiv, wie ich bin! –, das ideale Leben zu führen. Trinke zum Start in den Tag jeden Morgen einen frischen Blueberry-Wurst-Smoothie mit Schweinskopfsülz-Booster. Tut doch gut, so ein bisschen Durchfall zur frühen Stunde, regt die Verdauung an wie vier Espressi und 'ne Kippe obendrauf. Da lege ich mir jeden Samstag zur Kur für ein paar Stunden zwei toskanische Salamischeibchen auf die geschlossenen Lider. Gurgle mittags mit Brät Melodien von Wagner und schlafe nachts mit einem Rollschinkli unter dem Specknacken ein. Und dann so etwas. Schwups, kommt die Weltgesundheitsorganisation und belehrt uns alle eines Besseren. Vorbei sind die fetten Jahre, ich meine, WHO do they think they are?

Endlich kann man sich wieder über Dinge aufregen, die nichts mit Flüchtlingen zu tun haben. Nichts mit

Wahlen, nichts mit Kapitalismus, Europäischer Union und Klimakatastrophe. Erhöhtes Krebsrisiko durch verarbeitetes Fleisch, und die Leute sind entrüstet, als hätte man ihnen gerade gesagt, dass Krieg keinen Frieden fördert oder dass das neue iPhone ihr Leben ganz sicher nicht von Grund auf bessern wird.

Eine zum Wohle der Menschheit arbeitende Instanz teilt ihr Wissen öffentlich mit, und die Wahrheit ist nicht angenehm. An der Wahrheit ändert das aber nichts, und so tut der Wutbürger das, wozu er berufen ist. Er packt sich erst mal an die kleinen Hödchen oder schrumpeligen Eierstöckchen, legt eine Conchita-Wurst-CD ein und regt sich auf. Ähnlich muss es gewesen sein, als Isaac Newton sein Gravitationsgesetz erstmals vor der unwissenden Meute formulierte. Perlen vor die Sauwürstchen, alles hat ein Ende, nur der Spott hat keins. Gut also, dass ich auf eBay noch die Originaltranskription von Newtons erstem Pitch ergattern konnte:

Newton: Also, es ist jetzt erwiesen. Sie wissen ja, wenn Sie einen Apfel über dem Boden, also in der Luft, loslassen, dann wird er zu Boden fallen. Aber nicht nur das, sondern –

Wutbürger: WAS?! GEHTS EIGENTLICH NOCH? MIR WERDEN SIE NICHT VERBIETEN, ÄPFEL INMITTEN MEINER LUFT LOSZULASSEN. ELENDER HANSWURST, SIE, HERZLOSER BASTARD! JEDER WEISS DOCH, DASS DAS ÄPFELLOSLASSEN EIN GRUNDLEGENDER BESTANDTEIL UNSERER TIEF VERWURZELTEN KULTUR IST!

Newton: Ich sage ja gar nicht, dass –

Wutbürger: PAPPERLAPAPP! VERSCHWÖRUNGS-
THEORIE! Eine linke Saumade sind Sie. Ich
kenne eine Frau, die hat jeden Tag einen Apfel
in der Luft losgelassen, und sie wurde trotzdem
über achtzig. Bald steht wohl auf jedem Apfel eine Warnung drauf! Dann darf man Dinge
nur noch in speziellen Ecken der Bars über dem
Boden loslassen – Gravitationsterror! Und dann
wissen wir ja alle, wie es von da an weitergeht.
Dann kann der Nachbar wohl bald auch seine
Kuh heiraten, das Frauenzimmer darf abstimmen
gehen, und der Farbige fordert für seine Arbeit
einen Lohn.

Und was macht Newton? Regt er sich auf, verflucht er
die Menschheit, lässt er sich aus der Fassung bringen vom
tobenden Abschaum? Nein, verdammt. Newton bewahrt
die Ruhe, geht nach Hause, stolziert in die Küche, lässt
sich eine Wurst in den Mund fallen und wird augenblick-
lich vom Krebs dahingerafft.

Ausweidung der Kampfzone

Ich habe mir, wenn auch reichlich spät, diesen Pimperstreifen jetzt also doch noch angeschaut. Im Kino. Den Filmtitel laut ausgesprochen, siebzehn Franken gezahlt, mit dem Finger widerwillig auf den Sitzplatz gezeigt, den ich gerne haben würde. *Fifty Shades of Grey*, ein reicher Unternehmer entjungfert eine Studentin und versucht während zweier langer Stunden Leinwandgerotze, sie in die Freuden und Leiden des sadomasochistischen Sex einzuweihen.

Neben mir zwei klimakterische, schmatzende Damen mit Sonnenhut, Modell »ein Mann kommt mir nicht ins Haus, die Katzen machen schon genug Dreck, haha«. Vorne vier Erasmus-Mädels, Modell »Zalando«, lauthals schreiend und Popcorn hustend und fast permanent sich auf Spanisch unterhaltend. Ab und zu deutsches Seufzen und Geflüster. »So gut sieht er gar nicht aus«, »ob sie beim Dreh wohl wirklich ganz nackt waren« oder »ja, genau so eine hat mir Steffen auch gekauft«. Im Minutentakt hole ich das Handy aus der Tasche, um zu schauen, wie viel Zeit noch bleibt, die komplette letzte Stunde über wünsche ich mir ein Safeword, das die Tortur des Films beenden würde.

So ein bisschen Unterwerfung tut ganz gut, dachte ich

mir, als ich beschloss, mir den Film reinzuziehen. Wenn schon nicht im Bett, dann immerhin vor dem Markt und seinen Werbestrategien. Was das für Leute sind, die dafür sorgen, dass Erotikaccessoires jetzt besser vermarktet werden als Zigaretten, wollte ich wissen. Was das für ein Film ist, der sich den sexuellen Reststolz der Prüden untertan macht und ihnen einredet, dass Sex ohne Spielzeug nicht mehr menschlich ist. Und was denn ich für eine bin, mir über das langweilige Rumgevögel anderer Gedanken zu machen.

Als der Dominus der nackten Unterworfenen sechsmal mit dem Lederriemen eine überzieht, kulminiert die Stimmung meiner Sitznachbarinnen. Lieber würde ich einem pummeligen Gürteltier dabei zusehen, wie es sich vor mir an der Sicherheitskontrolle im Flughafen ganz langsam auszieht, Gürtel für Gürtel, während es Joe-Cocker-Songs summt und verführerisch mit den Hüften wackelt. Doch der Kinosaal ist sich sicher: Das muss zu Hause ausprobiert werden, all das Zeug muss gekauft und verinnerlicht werden. Man ist schließlich kein verklemmter Asexueller, keine überemanzipierte, ungebumste Dörrpflaume.

Dass Filme sich über Spielsachen vermarkten, ist ja eigentlich nichts Neues, denke ich. Das ist ein bisschen so, als würden Happy Meals dieser Tage mit Plastikpeitschchen made in China aufgetischt. Immerhin hat selbst der Papst gesagt, dass es okay sei, Kinder zu schlagen, sofern sie denn ihre Würde nicht verlieren. Dass der Kapitalismus aber die komplette Klitoris des Mittelstandes zwischen seinen abgelöschten Fingerkuppen hält und qualvoll darauf rumkaut – das ist neu.

Die Lust wird als Merchandise-Artikel zum Zwangs-gefühl, theoretisierter Sex zum tragenden Teil der Pop-kultur. Man konnte einem weiteren Tabu den Kampf an-sagen, feiern neureiche Erotikmarktvertreterinnen, die auf Literaturplattformen ihr schwarzledriges Unwesen treiben. Das untervögelte Spießerehepaar frönt sich dem von außen auferlegten Glutamat-Sex – künstlich, durch-schnittlich und ohne Rücksicht auf den eigenen Ge-schmack. Neurotisch ist das neue Erotisch, es lebe der Trend, gegeißelt werde die unkreativ vergangene Schä-ferstunde!

Als der Film aufhört, stehe ich auf und summe Joe Cocker. Ich wische mir die Popcornreste von der Hose, die beunruhigend ausgeleiert ist, ziehe sie hoch und denke mir: Ein neuer Gürtel liegt schon noch drin dieses Jahr.

Vom Wurm

Der erste Tod, den ich mutwillig verursacht habe, war für einen lang gewachsenen Regenwurm bestimmt, den ich aus der Erde zerrte und entzweiriss. Als das Kopf- im Gegensatz zum Fußende wider alles Erwarten nicht mit dem Winden und Zucken aufhören wollte, galt meine Enttäuschung nicht etwa der Feststellung, dass die eine Hälfte hatte sterben müssen, sondern vielmehr der Tatsache, dass Kopf, Mund, Hals und Gürtel des Wurms dem Tod, also mir, zu trotzen schienen. Das war so nicht geplant gewesen, und ich entschied mich dazu, die lebenden Überreste mit einem Stein zu zermalmen und der Wiese zurückzugeben. Ich sah mich – dem konsequenten Exorzisten oder Pferderennbahn-Stammmetzger gleich – jedoch weder als tötende noch erhabene, sondern viel eher als gütige und gnadenbringende Kraft, als eine Art personifizierte Gerechtigkeit. Denn schließlich war ich es gewesen, die das arme, dumme, wirbellose Würmchen an den Rand der Lebenserwartung und über die Klippe der Todeserwartung hinaus gestoßen hatte. Eine heldenhafte, fast schon heilige Tat in den Augen einer Dreijährigen, die noch immer fest daran glaubt, dass das Nichts nicht mehr sein kann als der Tod und das, was in die Hand passt, wenn man sie ganz, ganz fest zur Faust ballt.

Mit den Jahren nahmen allmählich die Ausgereiftheit meiner Methoden und die Freude an dem Zusammenspiel von Schöpfung und Zerstörung zu. Ich züchtete Flusskrebse heran und päppelte Kaulquappen zu dickschenkligen Babyfröschen hoch, pflanzte Verwandte der Venusfliegenfalle und sammelte die ausgestoßenen Bergmolche von der Kellertreppe. Ich gab mir große Mühe mit dem Einrichten der jeweiligen Terrarien, Aquarien und Töpfe, war dann aber immer wieder schnell gelangweilt und erlangte mein Entzücken über das neue Hobby erst beim leise-dramatischen Ableben meiner Schützlinge wieder zurück. Die getrockneten Flusskrebse klebten verkalkt an den glasigen Wänden ihres Käfigs, Frösche und Pflanzen waren knusprig braun. Und beim Bergmolch war es wohl nicht einfach der sprachlose Tod, sondern schlicht der atemlose Suizid gewesen, der ihn dahinraffte – eine fehlende Aussicht auf das wechselwarme Reiben am feuerroten Bauch des anderen Geschlechts war auch für ihn zu viel des Guten gewesen. Sein inneres Stalingrad, der Kessel brannte, und er brannte allein.

Die mir von meinen Eltern aufgebrummte Diagnose lautete »fehlendes Verantwortungsbewusstsein kombiniert mit allumfassender Unzurechnungsfähigkeit« – kurzum »Kindsein« –, und sie beschlossen, mir Tiere und andere Lebewesen fortan erst einmal in Bücherform näherzubringen. Unfair, wie ich fand. Denn schließlich, so war meine Meinung, sollte man ein Leben, das man gerettet hatte, auch jederzeit zerstören dürfen. Hauptsache, irgendein Zyklus wird angekurbelt. Im Grunde genommen fühlte ich mich also als Papst und missverstanden –

sich selbst der ewigen Jungfräulichkeit zu verschreiben, anderen dann aber den Gebrauch von Kondomen zu verbieten und beim unvermeidlichen Dahinsiechen taten- und machtlos zuzusehen.

Irgendwann macht man dann ja doch selbst Kinder – oder sich zumindest Gedanken darüber. Presst sie je nach Geschlechterrolle in ein menstruales Rosa, unterkühltes Blau oder progressiv-eitriges Senfgelb und versucht sich dann von Weihnachtsessen zu Sommerferien und wieder zurück zu Weihnachtsessen durch den zeitlosen Brei zu mogeln. Bis die Brut das Terrarium verlassen und eigene Eier gelegt hat. Um der Evolution vorzugaukeln, man verdiene auch nach der Weitergabe des genetischen Materials noch einen Platz an der Sonne, macht man Rückentraining. Schluckt weisheitszahngroße Vitamintabletten, trainiert für den Marathon, wird ein Herz auf zwei Beinen. Dazwischen ist zwar nicht mehr viel los, aber man hat seine obligaten eins Komma fünf Eizellen ja befruchtet und glaubt noch an die Demokratie und an den Zinseszins. Man merkt, dass man noch Spanisch lernen könnte, Island sehen, Jetski fahren. Oder man entdeckt die Volksdrogen, Opiate, dröhnt sich zu, legt all seine Hoffnung ins Jenseits und den Geist in die speckigen Hände des Glaubens. Die Sinnsuche wird verschoben, das vollständige Finden und die Selbstständigkeit bleiben aus – fürs Würmertöten kriegt man kein Dessert und verliert den Platz im Paradies.

Das erste Bedauern eines möglichen Mords überkam mich mit acht Jahren in der Schule, als ich glaubte, die Klassenmaus Frederick getötet zu haben. Der schwarzweiße Mäuserich hatte aufgehört, sich zu bewegen, ausgerechnet als *ich* mit dem Füttern an der Reihe war. Die verurteilenden Blicke, die mir von den Mitschülern aufgebrummt würden, ängstigten mich mehr als jedes Märchen über Höllenfeuer. Vernichtendes Funkeln hinter pflasterbeklebten Brillengläsern, böses Zischen durch frisch entstandene Milchzahnlücken. Kein Schmerz ist so groß wie der in unmittelbarer Erwartung, und der Welpenschutz ist nichts wert, wenn alle anderen auch Welpen sind. Tot war tot, war natürlich und unausweichlich und bestimmt nicht Teil meiner kindlichen Verantwortung.

Doch sosehr ich meine Mitschüler auch von der Unausweichlichkeit des Geschehens zu überzeugen versuchte – ein vehementes Abstreiten eines Mäusehimmels war vermutlich nicht gerade förderlich –, es galt, den Botschafter, sprich mich, zu bestrafen. Diese so in die Maus verliebten Kinder würden noch wachsen und stärker werden und Geburtstagsfeste ohne mich feiern wollen. Es war, als wäre das Dasein des Nagers aus Gründen des funktionierenden Zusammenlebens überhaupt erst berechtigt und die Liebe, die ihm galt, Rechtfertigung eines ewigen Lebens für ihn. Lieben und leben lassen, Unsterblichkeit ist ein Popularitätskontest. Eine schöne Zerstörung der Balance also, ihn auf dem Gewissen zu haben, unverzeihlicher als jede Erbsünde.

Zum Glück litt Frederick aber nur an einer generellen Faulheit, kombiniert mit Mangelverdauung und Überforderung mit der Gesamtsituation. Er stand also bald wieder von den Toten auf, furzte seinen kleinen Mäusefurz und befreite mich von meinem Platz auf der Schuldnerbank. Nie wieder tötete ich aus Spaß an der Macht oder der Neugier, das perfekte Verbrechen ist unmotiviert und der Sinn des eigenen Lebens bestimmt nicht Unsinn aller anderen.

Heute jedenfalls halte ich an Regentagen an und steige vom Fahrrad, um die orientierungslosen Schnecken und verwirrten Würmer vom Asphalt zurück in den rettenden Busch zu manövrieren. Wenn *ich* sie schon nicht überfahren kann, so soll es wenigstens auch niemand sonst tun. Ob ich deswegen nun nachts besser schlafen kann, weiß ich nicht. Aber man weiß ja ohnehin nie, ob man beim Aufwachen nicht vielleicht plötzlich in zwei Teilen daliegt. Und welches Ende am Ende dann weiterzappelt, ist wohl auch egal – solange man bloß nicht zu viel darüber nachdenkt.

Ach, Demokratie

Wer dürfte, aber trotzdem nicht wählen geht, ist feige und faul. Wer nicht wählen geht, hat kein Recht, sich über irgendetwas vollumfänglich aufzuregen.

Als ich in der Schule dazu verdonnert wurde, das politische System genauer zu begreifen, beschloss ich, dass ich Politik und vor allem die meisten Politiker langweilig finde. Politik ist für mich wie Menstruation. Bisschen unangenehm, aber wenn man's macht, kommt in Zukunft wenigstens nichts total Anstrengendes auf einen zu.

So zu tun, als wäre das Ausfüllen des Stimmzettels ein Highlight meines Daseins, wäre genauso gelogen wie zu behaupten, dass ich jedes Mal vor Freude jauchze, wenn ich mir im Supermarkt mit schmerzendem Unterleib ein Multipack Tampons in den Wagen schmeiße. Heute ist zwar weder mein Interesse an noch mein Respekt vor der Sache gewachsen, fleißige Wählerin bin ich aber trotzdem – und mein Zyklus sei von beeindruckender Regelmäßigkeit, sagt mein Frauenarzt.

Während in anderen Teilen der Welt nur vom Mitspracherecht geträumt wird, liegt die Wahlbeteiligung hierzulande konstant auf peinlich niedrigem Niveau. Dabei war es noch nie einfacher, sich über aktuelle Geschehnisse zu informieren, und noch nie bequemer, auf seine eigene Stimme aufmerksam zu machen. Immer häufiger werde ich per Mail gebeten, für irgendwelche albernen Petitionen meine Unterschrift herzugeben oder mit meinem Daumen nach oben gegen das vermeintlich bezwingbare Leid in der Welt anzukämpfen. Noch nie wusste ich dank Facebook von den Anliegen so vieler Bekannter gleichzeitig. Doch leider gaukelt das ständige Mitmischen und Dabeisein in Foren, auf Nachrichtenseiten und in freundschaftlich gemeinten Vernetzungssälen den Leserinnen, Zuschauern und Zuhörerinnen eine echte Meinungsfreiheit nur vor.

Denn Politik hat mit sozialen Netzwerken wenig zu tun, mit Klicks und anonymen Kommentaren kommt man nicht weit. Politik ist harte, komplizierte Arbeit mit konkreten Zielen, mit dicken Fäusten auf noch dickeren Tischplatten. Abstimmen gehen ist nicht cool, und der Gang an die Urne muss keinen Spaß machen. Aber gegangen werden muss er trotzdem, und zwar ohne Ausreden oder Daumen nach oben, Punkt.

Wer nicht wählen geht und trotzdem online Dinge kommentiert, dem gehört der Strom abgestellt. Politik ist Zukunft, und wenn es um Sachen Zukunft geht, ist mir eine fremde Meinung immer noch lieber als gar keine. Aber bis man schon an den Embryonen testen kann, ob sie das Wahlverschmähergen in sich tragen, um dann entsprechend zu reagieren, müssen wir uns wohl noch gedulden. Ich hoffe deshalb, dass wir uns auch so aus den unvernünftigen Kommentarspalten rausbegeben und mit geputzten Zähnen an die Urne treten. Denn eine ungenutzte Stimme ist genauso stumm wie keine.

Der Gesichtsausdruck des Extremisten …

… der kurz nach der Selbstmordattacke merkt, dass nach dem Tod nichts mehr kommt. Der Moment, in dem Kalt und Warm nicht mehr zu unterscheiden sind und alle Muskeln sich zum ersten Mal en groupe entspannen. Und dann das Nichts. Das weder große noch kleine, weder laute noch leise Nichts. Und dann: ein Hauch von einem Gedanken, der sich vor dem Nichts versteckt. Aus eigenen Stücken in Stücke zerfetzt für das. ·

Ganz egal, wofür er denn jetzt gekämpft hat. Oder sie. Mein Gott, dieser Gesichtsausdruck! Stellen Sie ihn sich vor. Schließen Sie die Augen, und stellen Sie sich ein Gesicht vor, das erhabene Sinnlosigkeit mit gottloser Wahrheit vereint. Alles, wofür dieses Gesicht sich jemals ausgedrückt hat, hat nicht zugehört. Stellen Sie sich das Gesicht vor. Öffnen Sie die Augen wieder, und lachen Sie. Gemein, ich weiß. Aber ich kann es gar nicht unterdrücken. Ich schreie vor Lachen, ein barbarisches Schreien, es ist gelebte Schadenfreude! Das muss wohl ein Grund sein, warum sich viele als letzte Amtshandlung ins Unkenntliche sprengen, dieser Gesichtsausdruck nach dem Ende. Weil sie nicht wüssten, wie schauen, wenn dann doch alles überhaupt nicht stimmt. Und wer kein Gesicht mehr hat, muss sich über Ausdruck keine Sorgen machen.

Ein Leben lang Aufwand für etwas, das es nicht gibt. Das Ganze ist ein bisschen so, wie wenn man nach einer zweistündigen Autofahrt mit schreienden Kindern bei der Ankunft erfährt, dass das Erlebnisbad wegen Umbaus geschlossen ist. Ha! Big fat fuck. Schlechte Planung. Jetzt hat Leon umsonst in den Opel Zafira gekotzt. Der ganze Stress zu Hause mit der engen Badehose, völlig unnötig. Der Samstag ist im Eimer. Hätten Sie mal im Internet recherchiert. Und von den enttäuschten Kindern müssen Sie sich jetzt ein Leben lang anhören, dass sie damals zwei Wochen lang immer das Zimmer aufgeräumt haben – völlig umsonst. Wenn sie Glück haben, können die traurigen Schwimmbad-Bratzen das Trauma fünfzehn Jahre später wenigstens noch zur Kolumne verwursten. Aber erst einmal gilt: Die Bälger können nie wieder erpresst werden. Ihre elterliche Rolle als Respektsperson bröckelt, jegliche Erziehungsversuche scheitern kläglich. Vermutlich wird das Kind aus Trotz ein Extremist.

Gut, zugegeben, dies ist ein weit hergeholtes, vermeidbares Szenario. Anstatt in einen Wasserpark zu gehen, könnte man natürlich auch einfach zu Hause bleiben. Zehn Fünfjährige dafür bezahlen, einem in den Mund zu pinkeln, zack, same experience. Aber eben, Regeln, Normen, Moral, und weiß der Geier, was sollen denn nur die Nachbarn denken.

Ja, was sollen denn nur die Nachbarn denken? Da versuche ich am neuen Ort wochenlang, meinen Nachbarn zu imponieren. Weil ich normal wirken will, zumindest bis ich sie dann endlich mal persönlich kennengelernt habe. Weil ein Umzug immer auch ein frischer Start ist. Da gehe ich extra gradrückig an ihrer Wohnungstür vorbei und telefoniere laut im Gang, sodass es klingt, als hätte ich einen seriösen Job. Ich wachse mein Auto, damit es neuer und schneller aussieht, als es ist. Benutze die Waschmaschine nicht nach zehn Uhr abends, weil sie ja jemanden aufwecken könnte. Und dann finde ich heraus: Nebenan wohnt gar niemand! Da schaue ich jetzt aber dumm aus der Wäsche. Und dann das Nichts.

Stellen Sie sich Ihren Gesichtsausdruck vor, wenn es alles, woran Sie glauben, gar nicht wirklich gibt. Halten Sie das Gesicht für einen Moment, und fragen Sie sich ganz ehrlich: Gibt es eine Idee, für die Sie bereit wären, zu sterben?

Kein Gemüse

Von allen in den USA zu Tode verurteilten Männern wünschten sich bisher angeblich nur elf Prozent eine Henkersmahlzeit, die Gemüse beinhaltete. Bei den Frauen waren es immerhin zweiundsechzig Prozent. Es liegt mir fern, jetzt auf tiefsitzende gesellschaftliche Erwartungen an die weibliche Diät einzugehen, und stelle mir vor, wie ich in einer Todeszelle sitze. Vielleicht unschuldig, vielleicht völlig zu Recht. Mein Atem langweilt mich, seit Monaten ist meine Verdauung nicht mehr als ein gezwungenes Abhandeln des absolut Notwendigsten. Die Anwälte reden über humane Tötungsmethoden, ich denke über tote Humanmethoden nach. Vielleicht werde ich spirituell. Ich mag Gemüse sehr gerne, eigentlich.

Was würden Sie sich wünschen? Wären Sie so jemand, der sich etwas Unmögliches wünscht, um den Prozess hinauszuzögern? Würden Sie zum Beispiel ein Glas Fanta Pink Grapefruit bestellen, eingestellt im Jahr 2000? Ein Raider, das auch Raider heißt? Oder einen Casu Marzu, diesen illegalen Madenkäse aus Sardinien? Das würde die Polizei doch wohl sehr überfordern, einen auf der Todesbank und der Zwang zur illegalen Käseschmuggelerei.

Oder ein Steak von diesem psychotischen fünfeinhalb Tonnen schweren Killerwal Tilikum, der seit Jahren im Sea World Trainer zerfetzt! Der kann zwar nichts dafür, dass er so aggressiv ist, aber Sea World auf Lebenszeit ist schlimmer als Todesstrafe durch Steak, und so wäre gleich zwei traurigen Seelen geholfen.

Würden Sie eher Ihr Leben zelebrieren oder Ihrem Tod voraustrauern? Wie sich das wohl anfühlt, etwas zu essen, von dem man weiß, dass man es in diesem Leben nicht mehr ausscheißen wird.

Sind Sie eher der Typ für flambierte Crêpes oder jemand, der als letzte Amtshandlung in einen grindigen McDonald's-Burger beißt? Kurz vor dem Tod kann schließlich auch so ein Transfettknöllchen nichts mehr schlimmer machen, und wenn Sie dann den kalten Cheddar von der Pappe lutschten, fühlten Sie vielleicht zum ersten Mal so etwas wie Reue, Demut, Menschlichkeit.

Der Amerikaner Timothy McVeigh wünschte sich als letztes Mahl einen Liter Chocolate Chip Mint Ice Cream. Minze und Schokolade. Einen ganzen Liter! Kein Gemüse. Da ist einer verantwortlich für einhundertachtundsechzig Tode und wünscht sich ganz am Schluss noch eine Schüssel Eiscreme, bis zum Kotzen viel. Fehlt nur noch die Gänsefeder im Hals wie im alten Rom.

John Wayne Gacy gönnte sich ein Dutzend frittierter Shrimps, Pommes frites, ein Pfund Erdbeeren und einen ganzen Kübel voller Hühnchenteile. Dazu durfte er *Herr der Ringe* glotzen, TV-Dinner-Style. Vergewaltigt und tötet dreiunddreißig Jungen, und was übrig bleibt, ist ein Eimer voller abgenagter Knochen und ein Haufen Hobbits, die lustlos durch Neuseeland bummeln.

Um das System auszutricksen, wäre es natürlich praktisch, sich vergiften zu lassen. Kugelfisch, zubereitet vom Schnupperlehrling, beispielsweise. Ein Plutoniumsüppchen mit EHEC-Einlage, serviert im alten Mensageschirr. Oder etwas, worauf Sie hochallergisch sind. Bissen um Bissen wüssten Sie dann, dass Ihr letzter Stuhlgang nicht elektrisch wäre. Tot bleibt tot, da helfen keine Pillen, aber dennoch, Sie hätten das System besiegt, es der Justiz ordentlich gezeigt!

Ich stelle mir vor, wie der Koch sich fühlen muss, der da gerade Schicht hat. Einerseits der einfachste Job überhaupt, denn Beschwerden können nicht mehr wirklich ernst genommen werden. Andererseits schreibt das zerkaute Œuvre gerade an der Kriminalgeschichte mit.

Ein Glas Kühne Knoblauchgurken, ein Röllchen Tête de Moine und abgepackte Schokomilch im Tetrapack, würde ich sagen. Vielleicht noch eine Zuckerwatte und ein Eis aus dem Sea World in Orlando. Kein Gemüse. Dabei mag ich Gemüse eigentlich ja sehr.

Mein motherfucking
Frauseindisstextshizzle

Von einem Schweizer Verein, der sich für Frauenrechte einsetzt, wurde ich gefragt, ob ich nicht etwas über mein Frausein erzählen könne. »*Mein* Frausein oder Frausein allgemein?«, fragte ich und war mir nicht sicher, ob den Frauen klar war, wie groß man da die Unterschiede setzen konnte. Ich solle doch machen, was ich für richtig halte, sagten sie. Emanzinnen waren das, die evolutionäre Vorstufe von Emanzen.

Ich glaube, es fing an, als ich der Handarbeitslehrerin die Häkelnadel in den Augapfel rammte und sagte, sie solle mich gefälligst mit der Laubsäge Totenkopf-Topfuntersetzer basteln lassen. Ich sägte ohne Schutzbrille, verzichtete auf das Schmirgeln (Schmirgeln ist bekanntlich nur was für Luschen) und beizte mit bloßen, versplitterten Händen das Lindenholz. Stolz war ich, als ich anstelle eines auberginefarbenen Häkeltopflappens mit dekorativen Stickornamenten ein praktisches Holzelement nach Hause apportierte.

Im Sportunterricht versetzte ich die Mitschüler in Angst und Schrecken, von den Mitschüler*innen* ganz zu schweigen – am liebsten war mir Völkerball, das ich mit Genuss »Völker*mord*ball« zu nennen pflegte und womit ich dafür sorgte, dass ungewöhnlich viele die Klasse oder gar das Schulhaus oder das Geschlecht wechselten.

Nun, kurz gesagt: Mindestens eines meiner X-Chromosomen scheint leicht verkrüppelt zu sein. Keine Frau sollte so sein wie ich. Oder, wie Coco Chanel einmal sagte: »Die Schönheit brauchen wir Frauen, damit die Männer uns lieben, die Dummheit, damit wir die Männer lieben.« Aber was wusste *die* schon, sie war ja nur eine Frau. Treffender wäre gewesen: »Auch eine schöne Frau findet mal ein Buch«, »Lieber eine hörende Frau am Herd als eine taube auf dem Dach« oder etwas bodenständiger: »Gebt mir eine rostige Heckenschere, und ich schnipple mir meinen Mann schon selbst zurecht.«

Ja, es stimmt. Frauen gehören an den Herd. Sollen die sich ruhig dran gewöhnen, dass der Teekessel der Einzige ist, der ihnen nachpfeift. Nun, die Mona Lisa hätte sicherlich mehr gelächelt, wenn sie in ihrem natürlichen Lebensraum porträtiert worden wäre – und wäre Marie Curie brav zu Hause geblieben und hätte nicht auf die höchst absurde Idee bestanden, ihr intellektuelles Potenzial auszuschöpfen, ihre Meinung zu äußern oder sich gar selbst zu verwirklichen, hätten wir heute keine Atombomben. Ja, man kann es sogar so drastisch sehen, dass der Zweite Weltkrieg niemals stattgefunden hätte, wenn der kesse Adolf seine weibliche Seite entdeckt und seine Eva am heimischen Herd bekocht hätte. Gut möglich, dass die Welt der Kochbücher dann um einiges reicher wäre: *Menüs für Veget- und andere Arier, Antisemi: Tisch bei Tisch* oder der autobiografische Bestseller *Mein Mampf.*

Vermutlich war es nie besonders hilfreich, dass meine

älteren Brüder mich mit »Du bist ja kein richtiger Mann« beschimpften, wenn ich es wieder einmal nicht schaffte, das Gurkenglas zu öffnen. Es gibt Dinge, die sollte man den Männern überlassen. Wo kämen wir hin, wenn Frauen beginnen würden, ihr eigenes Essen aus den Konserven zu holen, ja, was denn sonst noch, bitte? Entscheiden sie dann irgendwann selbst, was auf den Tisch kommt? Gehen selbst einkaufen, verwalten ihr eigenes Geld? Wollen Frauen dann plötzlich den öffentlichen Verkehr mitbenutzen oder am Ende gar *selbst* Auto fahren? Nein, das sollte man nun wahrlich nicht zulassen. Außerdem ist wohl kaum eine Küche der Welt groß genug, um darin mit dem Auto herumzufahren.

Sollte ein Mann seine Frau irgendwann einmal aus dem Haus schicken wollen (also weil es brennt, der Garten umgepflügt werden möchte oder was auch immer da für wilde Szenarien los sein müssen), ist die Idee der Verschleierung natürlich naheliegend. So sagt man aus: »Nein, du sollst keinen Sex mit meiner Frau haben, die gehört mir und mir allein – und außerdem ist die eh so hässlich, dass ich sie nicht aus dem Haus schicken kann, bevor ich nicht 'ne Decke drüber gepackt hab. Die willst du also sowieso nicht nackig sehen.«

Will der Mann seine Frau dann doch irgendwann einmal loswerden (also weil sie kaputt ist oder die Garantie abgelaufen ist oder weil er halt ein besseres Modell mit Touchscreen-Oberfläche und längerer Akku-Laufzeit gefunden hat), dann kann er den Schleier immer noch mit einem triumphalen »Ta-daaaa, so hässlich ist sie gar nicht, war alles nur Marketingstrategie« wegziehen und auf den Höchstbietenden warten.

Schön also, dass es Gruppen und Vereine gibt, in denen dieses Frausein zelebriert wird.

Von meiner Handarbeitslehrerin habe ich seit dem Häkelnadelzwischenfall übrigens nie wieder etwas gehört oder gesehen. Bestimmt hat auch sie endlich gelernt, wo sie hingehört, und probiert sich jetzt an vielen kreativen Rezepten.

Vom Messie, dem Maultier und den wachsenden Müllbergen

Wenn ich mir vom Alter etwas wünsche, dann, dass ich nicht übertrieben nostalgisch werde. Nostalgie behindert das Jetzt, ist Gift gegen Neugier und ertränkt das Vergangene in einer Sehnsucht, die nur aufkommt, weil man der Endgültigkeit ins Auge blickt.

Jedes Mal, wenn ich mein Zimmer nach langer Abwesenheit durchforste und von Dreckwäsche und schmutzigem Geschirr befreie, krieg ich Heimweh nach früher. Dabei bin ich noch gar nicht alt. Ich verschwende dann Stunden mit dem Kampf darüber, was wegkann und was noch (irgendeinen an den Haaren herbeigezogenen) Nutzen finden könnte. Vor dem Mülleimer stehend, seufze ich laut und klagend, die Hände voll mit alten Konzertkarten und Flyern von Kulturveranstaltungen, lange abgelaufenen Garantiescheinen oder Quittungen aus Läden, die es gar nicht mehr gibt. Als könnte mir irgendein Stück Papier von vor zwei Jahren im Restleben noch helfen, als könnte man durch krankhaftes Horten verhindern, dass man nach dem Tod vergessen wird.

An schlimmen Tagen versuche ich, mir sogar vorzustellen, wie die Dinge, die im Müll landen sollen, sich fühlen müssen. Denn wer selbst weggeschmissen wird, hat keinerlei Recht, sich die Zeit zu nehmen für ein Schwelgen in Vergangenheit. Stellen Sie sich einfach einmal folgendes Szenario vor: Sie sind mit einem Messie zusammen, also jemandem, der zwanghaft Dinge hortet, und werden dann verlassen. Eigentlich das Allerschlimmste, was einem passieren kann. Sie sind jetzt nicht nur Single, nein, Sie sind sogar das absolut Einzige, wovon der andere sich trennen konnte. Sie schienen entbehrlicher als die ganzen alten Fernseher und Telefonbücher aus den Achtzigerjahren, die sich in der Diele stapeln.

Es sollte also gelten, gar nicht erst in die Vergangenheitsfalle zu tappen. Die Nabelschnüre, an denen man sich träge durchs eigene Leben zieht, gehören durchtrennt, bevor sie schrumpelig sind. Bevor sie nicht mehr Nährstoffpipelines, sondern nunmehr Fesseln sind, die das Vorwärtskommen unmöglich machen. Pferde sind Fluchttiere, Esel bleiben in Stresssituationen stehen und verweigern sich – und der Mensch wäre eben gerne ein Maultier.

Aber wie sieht Nostalgie-Prophylaxe aus? Wie wecke ich mein inneres avantgardistisches Pferd? Wenn man eine einzelne Socke nicht mehr wiederfindet, ab wann darf man die übrig gebliebene dann entsorgen? Und wie lange nach Erhalt der schlechten Botschaft kann und soll die Witwe des auf dem Schlachtfeld gefallenen Soldaten sein Zahnputzglas zurück in den Schrank zu den normalen Gläsern stellen? Was wäre denn eigentlich so schlimm daran, in einer Gesellschaft zu leben, die an gar nichts festhält – der eigene Körper erneuert sich ja schließlich ständig selbst, verliert die ganze Zeit Zellen und stellt wieder neue her. Der Messie von morgen ist also ein anderer als heute. Das Einzige, was wirklich bleibt, ist all der Ramsch, den wir sammeln. Bis einer kommt und ihn wegwirft.

Was passiert, wenn nichts passiert

Geduld ist, während man wartet, nicht ans Warten zu denken.

In den Staumeldungen im Radio sagen sie jetzt neuerdings nicht nur, wie lang ein Stau ist, sondern gleich, mit welchem Zeitverlust gerechnet werden kann. Zwischen Niederbipp und Bern sind Rinder auf der Fahrbahn, Zeitverlust von vierzig Minuten, heißt es da. Und »Stimmt!«, nölt der Zuhörer in seinem bereiften Wutkatalysatörchen. »Zeitverlust! Holy Shit, immer diese Rinder, und ich werd hier unnütz älter! Bei der nächsten Ausfahrt geh ich raus und ramme mir erst mal ein ordentliches Kalbsschnitzel in den Rachen. Dann wollen wir doch mal sehen, wer hier wessen Zeit verliert.« Die Vegetarier klagen: »Aber gerade artgerecht ist so eine Fahrbahn auch nicht«, die Zeit sagt nichts, weil sie ja ohnehin verloren ist, und die daumenlosen Rinder fragen sich, wie weit sie es mit Trampen wohl geschafft hätten, wären der Tierschutz und die Polizei nicht gleich gewissenhaft gekommen.

Ich stehe eigentlich gar nicht so ungern im Stau. Nicht jetzt, dass ich es als Aktivität in die Woche einplane und mir verstopfte Routen aussuche zur Beflügelung. Ich bin ja nicht verrückt. Aber manchmal ist es eben unvermeidbar, sich zu Stoßzeiten in die Tiefen des Berufsverkehrs zu stürzen.

Und wenn es dann so weit ist, das Auto stillsteht, die Straße seufzt und niemand irgendetwas machen kann, versuche ich, mich darüber zu freuen. Wie ein Actionheld im Film, der in der Verfolgungsszene den Hochhauslift bis ganz nach oben nimmt und zwanzig Stockwerke über nichts zu tun hat.

Yay, Zeitverlust!

Wann sonst kriegt man denn überhaupt die Möglichkeit, einfach mal alternativlos still zu sitzen, ohne Hektik alte Police-CDs aus dem Handschuhfach zu hören und sich mit dem Beifahrer gepflegt zu streiten über Themen, die eigentlich schon längst vom Tisch waren. Ob man Nestlé boykottieren sollte, ob linke Parteien mehr Hass nach außen schüren sollten, um den inneren Halt zu stärken, ob eine ausgleichende Gerechtigkeit möglich ist. Und ob ein Leben ohne raffinierten Zucker dieser Tage überhaupt noch umsetzbar wäre ohne zu große soziale Ächtung.

Im Stau habe ich endlich einmal Zeit zu merken, wie gestresst ich sonst immer bin, und ich kann mir einbläuen, dass ich mich gefälligst mehr entspannen soll. Und der Beifahrer und ich trauern den kontemplativen Zeiten nach, als die Leute noch mit ihren Gesichtern redeten, als man abends noch ins Feuer starrte und nicht aufs Handy. Und wir müssen lachen, weil wir das Feuer nur aus dem Fernsehen kennen und weil wir klingen wie unsere Eltern. Und wir schwören uns, niemals so zu werden wie unsere Eltern. Genau so, wie unsere Eltern sich das auch schon geschworen haben und vor ihnen ihre Eltern und vor – Sie verstehen schon.

Und alles ist gut. Bis einer aufs Klo muss.

Harndrang ist der Kippschalter von angenehmer Langeweile zu nagender Ungeduld. Ich schiebe den Unterkiefer vor wie ein überzüchteter Boxer, ziehe den Fuß beim Anfahren zu schnell von der Kupplung, und die Suppe in der Blase wird durchgeruckelt. »Jetzt halt dein Maul, Sting, so emotional, wie du tust, ist dein Leben dann auch wieder nicht. Und diese verdammten Rinder werde ich das Fürchten lehren. Die haben ja keine Ahnung, wie kostbar meine Zeit ist.«

Geduld ist, sich nichts dabei zu denken, wenn mal nichts passiert.

Was wünschst du dir eigentlich zum Geburtstag

N a ja, ich hätte schon gerne einen Penis. Nicht, dass ich ein Mann sein möchte, aber es wäre doch ab und zu sicherlich einmal ganz lustig, einen dieser »Penisse« zu haben, von denen man so viel hört und liest. Natürlich wäre meiner aber kein ordinärer Penis, nein, er wäre so prächtig, dass ich damit in der Männerumkleidekabine zuerst alle Männer beschämen und anschließend einfangen und fesseln könnte. Dann würde ich sie dazu zwingen, meine Freunde zu sein, und wir könnten stundenlang Seil springen und Gummitwist spielen. Mit meinem Penis, versteht sich.

Aber auch alleine könnten er und ich Spaß haben, wir bräuchten gar keine Männer dazu, ja, er wäre so riesig und unzerstörbar, dass ich daraus lustige Bandwürmer, Gottesanbeterinnen, Giraffen und andere für Ballontiere beliebte Motive knoten könnte. Wäre mir langweilig, so würde ich das Arche-Noah-Märchen nachspielen und von jeder Sorte zwei in ihn knüpfen. Doch nicht nur formähnlich könnten manche Tiergattungen sein, nein, bis zu einem gewissen Grad würde er es sogar schaffen, zu einem echten Tier zu metamorphosieren, und zwar zu einer Riesenzikade, vorzugsweise eine mit Restless-Legs-Syndrom. Das wäre dann also der Patronus-Penis, seine Tier gewordene Killerseele also. Befände ich mich jemals wieder in einer unangenehmen Situation, ein bedrückendes Schweigen beim Abendessen beispielsweise, so könnte ich einfach meine geladene DNA-Flinte auf den Tisch packen und dem angenehmen Zirpen lauschen. Italienreisen könnte ich mir fortan sparen.

Nun, das klingt jetzt ein wenig so, als spaßten er und ich ständig nur herum, aber das stimmt natürlich nicht. Abends, im Bett, erzählten wir uns (also der Konjunktiv »erzählten«, nicht das Präteritum, das würde ja hier keinen Sinn machen) bei brennendem Nachtlicht Geschichten und Geheimnisse, und wir wären die besten Freundinnen. Ja, ich sehe meinen hypothetischen Paralleluniversumspenis als weiblich an – wir könnten uns gegenseitig das Haar bürsten und lustige Zopfknüpffrisuren basteln, damit wir nachher beide so aussähen, als wären wir irgendwo ganz billig im Urlaub und dort dann sturzbetrunken bei einer blinden südkongolesischen Friseurin mit nur zwei Fingern an jeder Hand gewesen.

Viele kämen zu mir, wenn ich ihn samstags an der Flexileine die Zürcher Bahnhofsstrasse hinauf spazieren führte, und würden sagen: »Oh, ist der süß, darf ich ihn mal streicheln?« Aber das wäre mir nicht recht, nein, ich wollte ihn dann immer ganz für mich alleine haben. Er würde die Aufmerksamkeit natürlich genießen und sich auf den warmen Asphalt legen, mit der Unterseite nach oben, und alle würden ihn kraulen und sagen, was er denn für ein Braver sei. Und wenn sie dann aufhörten, ihn zu streicheln, so würde er kräftig wedeln, was sie dann wiederum süß fänden und sie somit zum Weiterstreicheln animierte.

Die Leute würden ihn aber nicht nur mögen, wenn er gut drauf wäre, sondern auch bemitleiden, wenn er einen traurigen Eindruck machte. »Was machst du denn so ein langes Gesicht?«, fragten sie ihn dann, und ich würde immer trauriger und trauriger, weil ich aufgrund seiner strahlenden Präsenz immer mehr ignoriert würde.

Da mein Penis schon viel zu sehr im Glück über seine neu erlangte Popularität schwelgte, bekäme er von meiner Trauer gar nichts mit, und um unsere Beziehung legte sich ein düsteres Präservativ aus Einsamkeit. Ich, die ich eher zur Manie als zur Depression neige, fühlte mich dann zu drastischen Maßnahmen gezwungen und würde den Penis in der Nacht, wenn er noch tief schliefe, mit der Heckenschere abknipsen und in einem Teppich eingewickelt in einen Fluss werfen. Sein Fehlen ließe mich natürlich geschlechtsmäßig wie eine Ken-Puppe aussehen, und ich muss ehrlich sagen, ich kann mir nichts Schlimmeres vorstellen.

Das hätte ich also davon, wünschte ich mir einen Penis, nichts als Unglück halt. Und so bleibe ich bei meinem konventionellen Wunsch: nämlich einer richtig geilen Brustvergrößerung.

Scham im Holozän

Haben Sie sich heute schon geschämt? – Schämen Sie sich mehr für sich selbst oder für andere? – Können Sie sich noch daran erinnern, als Sie sich zum allerersten Mal geschämt haben? War das bevor oder nachdem Sie sich zum ersten Mal stolz gefühlt haben? – Schämen Sie sich manchmal für Dinge, die noch gar nicht passiert sind? Hilft Ihnen das, in Zukunft peinliche Situationen zu vermeiden? – Wie würden Sie Scham, Pein und Verlegenheit unterscheiden? –

Ist Ihnen Ihre Familie peinlich? – Können Sie sich für etwas schämen, worauf Sie gleichzeitig stolz sind? – Welche Rolle spielt das Gegenüber im Schämprozess? – Gibt es etwas empirisch Peinliches? –

Kann Selbstmitleid Scham ersetzen? – Wenn Ihre Fußballmannschaft im entscheidenden Moment versagt, sorgt das dann für stärkere Emotionen, als wenn sie gewinnt? – Welches Gefühl hält länger an, Fremdscham oder Fremdstolz? – Ist ein Opfer, das sich nicht schämt, immer noch ein Opfer? – Ist es schlimmer, schamlos auszunutzen oder jemanden auszunutzen, während man sich schämt? –

Fragen Sie »Ist hier noch frei?«, bevor Sie sich in der S-Bahn setzen? Und fühlen Sie sich Ihrer Freiheit beraubt, wenn jemand sich kommentar- und fraglos neben Sie setzt? – Hätten Sie lieber, dass ein Fremder Sie auf der öffentlichen Toilette überrascht oder dass Sie einen Fremden dort überraschen? – Für welchen Teil Ihres Körpers schämen Sie sich, auf welchen sind Sie stolz? –

Schämen Sie sich nur vor Menschen oder auch vor anderem Leben? – Hatten Sie schon einmal Sex, während ein Haustier im selben Raum war? – Ist Ihnen Sex oder Masturbation peinlicher? – Ist Scham für Sie etwas Produktives? – Wenn ein Schöpfer sich für seine Schöpfung schämt, ist er dann ein Versager? –

Schämen Sie sich mehr, wenn Sie nicht wählen gehen oder wenn Ihre Initiative nicht angenommen wird? – Ist es sinnvoller, seine Scham zu verbergen oder sich in aller Öffentlichkeit zu schämen? – Schämen Schweizer sich anders als Deutsche? Schämen sich Männer anders als Frauen? Wer schämt sich mehr? Wer schämt sich lieber? –

Welche Nation schämt sich am meisten, welche am wenigsten? – Warum halten Schweizer im Ausland untereinander den größtmöglichen Abstand? Spielt hier Scham, Ekel oder Angst die Hauptrolle? – Stellen Sie sich vor, Sie sind SS-Soldat: Schämen Sie sich eher für einzelne Taten oder für das System? – Ist es politisch oder menschlich, wenn Menschen sich für Politiker fremdschämen? – Schämen Sie sich mehr für Urteile oder für Vorurteile? –

Haben Sie schon einmal jemandem gesagt, er solle sich schämen? Glauben Sie, es hat funktioniert? – Macht Schämen schmutzig, oder reinigt es? Wie sieht es mit Sich-Rechtfertigen aus? – Kann man sich schämen, ohne es zu merken? – Kann man sich zu viel schämen? –

Hatten Sie schon einmal einen Partner, für den Sie sich geschämt haben? Haben Sie ihn zur Rede gestellt, oder war die Scham zu groß? – Ist Erotik noch möglich, wenn man sich gar nicht mehr schämt? – Schämen Sie sich mehr dafür, dass Sie geboren wurden, oder dafür, dass Sie einmal sterben werden? –

Gibt es eine Moral, wo es keine Scham gibt? – Haben Sie sich schon einmal für jemanden geschämt, weil dieser sich zu wenig geschämt hat? – Haben Sie schon einmal zu viel Alkohol getrunken, um sich weniger zu schämen? – Wie würden Sie Scham mit maximal fünf Strichen zeichnen? –

Wovor bewahrt Sie Ihr Schamgefühl? Woran hindert es Sie? Haben Sie jetzt irgendeine dieser Fragen in Ihrem Kopf nicht beantwortet? Schämen Sie sich. Ich hoffe, es funktioniert.

Das Runde, das Eckige und
ganz viel Amerika

ch war in Nebraska, und es war prima!« Auch ein Satz, den man nicht oft hört. Aber ich war wirklich in Nebraska, und es war wirklich prima. Ich war in Missouri, in Iowa und bin einmal quer durch ganz Illinois gefahren, in einem amerikanischen Zug, auf dessen Sitzen mindestens sieben Arschbacken Platz hätten.

Mir fiel auf, wie langsam ein Mensch auf dem Highway ist, wenn er zu Fuß unterwegs ist. Und wie schnell es mir schlechter geht, wenn ich schlecht esse. Und wie viel schlechter ich esse, wenn es mir schlechter geht. Und vor allem fiel mir immer wieder auf, dass Mario Götze, Thomas Müller und Manuel Neuer mir gerade ein wildes Abenteuer finanziert hatten.

Aber lassen Sie mich ausholen. Falls Sie Nebraska nicht kennen: Stellen Sie sich Spreitenbach vor. Oder von mir aus auch einen beliebigen Vorort im Ruhrgebiet. Dehnen Sie das Ganze auf zweihunderttausend Quadratkilometer aus. Ersetzen Sie Möbelhäuser durch Maisfelder, und senken Sie das Pro-Kopf-Einkommen um ein paar Prozent. Voilà – als wären Sie selbst dort gewesen!

Ich war einen Vormittag lang in einer Highschool in Omaha und habe einen Poetry-Slam-Workshop für neunzig spätpubertäre »German Students« geleitet. Vier

Stunden lang. Vier Stunden lang üben, wie man auftritt, wie man sich ausdrückt und wie man mit dem wenigen Deutsch, das man beherrscht, am Ende doch das sagt, was man eigentlich sagen will.

Vor allem ging es wohl darum, dass ein Muttersprachler mal was von der deutschen Sprachkultur erzählt. Am Schluss gabs Applaus, man übergab mir einen Plastikbecher von den Omaha Mavericks, dem lokalen Eishockeyteam, darin ein Klumpen Popcorn, getränkt mit geschmolzenen grünen Marshmallows.

Dass ich nicht wirklich Deutsche bin, verzieh man mir schnell. Europa reicht als Überbegriff, die Schweiz verwechseln eh alle mit Schweden, und wer die deutsche Sprache spricht, gehört zum deutschen Volk, hat man mir erklärt. (Als ich sie auf ihr Verhältnis zu den Engländern ansprach, wollte man davon nichts mehr wissen.)

Danke also für die schöne Zeit, deutsche Nationalelf! In St. Louis habe ich Avocadohälften im Boxspringbett gegessen, während ich dem Beinahe-Dada aus den Münden der Republikaner lauschte. In Chicago bin ich auf dem Gepäckträger des Weltmeisters in Luftgitarre von 2012 durch die nächtlichen Straßen gefahren. Und dank einem Kino in Iowa mit All-you-can-drink-Softgetränken kann ich Diet-Root-Beer-Erbrochenes jetzt von Full-Sugar-Root-Beer-Erbrochenem unterscheiden. Ein schaumiges Poem mit Zeilenbrüchen aus Zuckercouleur und Aspartam! Yes we can and yes we should and yes, motherfuckers, we most definitely want to!

Kein Wunder, dass Mario Götze zwölf Millionen Euro im Jahr verdient. Seit Deutschland Weltmeister ist, sei die Zahl der an Deutsch Interessierten in Omaha nämlich in die Höhe geschnellt wie noch nie, und wären die nicht alle so interessiert, gäbe es für mich keinen Grund, hinzufliegen. Rund fünfzig Prozent mehr Deutschlernende als im Vorjahr, Tendenz drastisch steigend. Wenn Götze in der Verlängerung gegen Argentinien seinen Brustkorb und linken Fuß richtig vor dem Tor platziert, lernen vierzehn Monate später Armeen junger Farmerkinder den Konjunktiv II. Und wenn sie ganz viel Glück haben, kommt Tante Hazel und macht Sprachspiele in Form von Herbstgedichten und Liedern aus der Sicht von Gegenständen.

Der Morgen endete dann übrigens sehr abrupt, mit einer Feuerübung um Punkt halb eins. Draußen übte das Blasorchester, man bot mir ein Root Beer an. Ich lehnte dankend ab. Es war prima.

Süße Politisierung

Europa rutscht nach rechts, und trotzdem gibts noch Leute, denen das schnurzpiepe ist. Es tut wohl offenbar noch nicht genügend weh, wenn man sich in Egalheit stürzt. Angst vor dem Unbekannten ist Druckmittel Nummer eins, und öffentliche Statements zu irgendwas nach wie vor unangenehm.

In Mexiko kann man für dreißig Dollar eine Piñata im Donald-Trump-Look kaufen. Also einen kleinen Donald Trump aus Pappmaschee, gefüllt mit Süßigkeiten oder Früchten. Den Papp-Donald hängt man dann an einen Baum und schlägt so lange drauf, bis die harte Schale platzt und die Belohnung auf den Boden purzelt.

Gut, kann man jetzt sagen, in einem Land mit knapp zehn Prozent Diabetikern sollte es aus den Politikern nicht Zucker, sondern vielmehr Gesundheitsvorschriften regnen. Andererseits motiviert der wallende Republikaner-Rotschopf selbst noch den letzten Adipösen dazu, mit Stock und Schläger bewaffnet bittersüße Kalorien zu verbrennen. Und gut, könnte man dann noch weiter sagen: Was hat der Latinohasser Trump konkret mit der Politisierung Mexikos zu tun? Aber so ein gekleistertes Horst-Seehofer-Propagandapüppchen wäre ja zum Beispiel auch schon mal ein Anfang für Europa. Gefüllt mit

Maoam und Mandarinen, versteht sich, nicht wie das lebende Original mit brühwarm psychotischem Mist.

Spielerische Politisierung bereits im Kindergarten, Reflexion im Grundschulalter. Wenn schon Unterricht in Mundart, dann wenigstens handfest. Jeder haut drauf und merkt, dass der eigene Hieb etwas bewegt. Wenn alle gemeinsam draufhauen, geht das Feindbild schneller in die Brüche, Instantanbelohnung inklusive. Zack, und die Achtjährigen von heute sorgen in zehn Jahren für eine Wahlbeteiligung, wie man sie sonst nur von familieninternen Abstimmungen über Urlaubsdestinationen kennt.

Ich sage ja nicht, dass dieser Rechtsrutsch überrascht. Oder dass das hier der richtige Ort wäre, um irgendwelche progressiven Ratschläge von mir zu geben, die Sie, liebe Leser, nicht ohnehin schon leben. Aber es ist ja klar, dass die Rechten so viele Stimmen kriegen, denn Hass verbindet mehr als linkes Utopiegeschwurbel. »Kosovaren schlitzen Schweizer auf« zieht viel mehr als »Vom Küchengespräch zur Telefonaktion«. »Schweizer, habt Angst, und zwar sofort« bringt mehr Leute an die Urne als »Lasst uns in einem Kreis der Liebe stehen und den Geruch des Regens schnuppern«. Und wenn man keine Ahnung hat von Popkultur, lässt man sich von grausigen Parteisongs bestimmt leicht beeindrucken. Gewalt, ein klares Feindbild und eingängige Farben, die an gemeinsame Stunden im Bierzelt erinnern – voilà, und der Partei gehts gut.

Donald Trumps Team hat den mexikanischen Piñata-Künstler dann übrigens verklagt, auf fünfhundert Millionen Dollar. Seither gibts keine Infos mehr dazu zu finden. Aber keine Sorge, ich bleibe dran. Wäre ja gelacht, wenn die Medien es schafften, dass mir das Ganze auch noch egal würde, ¡ay caramba!

Betroffen und so

Im Philosophiestudium (welches ich seit drei Jahren semi-erfolgreich abbreche) haben wir unter anderem darüber geredet, wo der Mensch hingeht, nachdem er stirbt. Natürlich kamen wir zu keinem fixen Endresultat. Sonst könnte man mit Philosophie ja richtig fett Kohle machen, und die Kirchen könnten endlich schließen.

Als wir im Hörsaal übers Jenseits sprachen, war mir noch egal, was mit mir nach meinem Tod passiert. Jetzt weiß ich: Wenn ich einmal tot bin, dann will ich einfach auf keinen Fall zu Markus Lanz in die Sendung. Ich will nicht, dass der Lanz seinen widerlichen Senf zu meiner Leiche dazugibt. Um sie als würdeloses Würstchen zu verputzen, unter geschmacklosen Glitzertränen und dem Applaus des Publikums.

Gut also, dass ich nicht in der Germanwings-Maschine saß, die in den französischen Alpen zerborsten ist.

Plötzlich waren sich alle sicher: Wenn hundertfünfzig Menschen bei einem Flugzeugabsturz ums Leben kommen, dann betrifft das alle. Dann ist der Tod nichts Privates mehr, dann ist er perverse Faszination. Dann muss jedes öffentliche Sprachrohr ganz schnell Gebete formulieren, in Gedanken bei den Angehörigen sein, und jedes Detail zum Unfall sollte möglichst schnell kundgetan werden. Schließlich müssen alle ergriffen sein, müssen trauern und ihrer Betroffenheit Ausdruck verleihen. Ein Unfall macht den ohnehin unvermeidlichen Tod noch viel tragischer, und weil wir so unendlich froh sind, dass nicht uns das Unheil passiert ist, fühlen wir uns den Opfern gegenüber schuldig. Wer in der Öffentlichkeit stirbt, wird auch in der Öffentlichkeit zu Grabe getragen, keine Diskussion.

An Lesungen, die ich seit dem Absturz besuchte, wurden ganze Texte zum Thema vorgetragen. Frei nach dem Motto »Es ist nicht lustig, also ist es Hochkultur« wurde von Koffern erzählt, die niemand vom Flughafen abholte. Es wurde geklatscht für pseudolyrisches Geschwafel über Angehörige, die sich in den Schlaf weinen, und über »Betten, die für immer kalt bleiben« würden. Da seien schließlich auch Kinder an Bord gewesen. Kinder! Unschuldige, lebenslustige Kinder! Das Totschlagargument jeder Das-hätte-aber-nicht-passieren-dürfen-Diskussion. Zehn Punkte für die Menschlichkeit, ein Halleluja im Namen des Mitgefühls, Standing Ovations en masse für die, die nicht mehr selbst stehen können.

Aber kann mir eine Person, die zu Lebzeiten keinerlei Einfluss auf mich hatte, als frisch Verstorbener tatsächlich irgendwas bedeuten? Und wer müsste eigentlich an Bord eines abgestürzten Flugzeugs sitzen, damit man nicht öffentlich betroffen wäre? Hundertfünfzig kettenrauchende, pädophile Steuerhinterzieher über neunzig, die privat gerne Silbermond hören und ihren Abfall nicht trennen?

Richtiges Trauern ist im Internet schwieriger denn je. Ich weiß intimste Details über verstorbene Leute, die sich lebendig nie in mein Privatleben verirrt hätten. Ich kann WhatsApp-Nachrichten an Tote lesen, ohne dass ich weiß, wie ihr Gesicht aussah. Kein Wunder, dass Voyeurismus und Anteilnahme, Gaffer und Betroffener unter diesen Umständen schon mal verwechselt werden.

Wenn es für manche Leute also ein Philosophiestudium ersetzt, über Unfalltote zu trauern, sollen sie das ruhig tun. Und Sie, Herr Lanz, tun Sie bitte nicht so, als würden Sie Ihre Sendung aus einem anderen Grund produzieren, als damit Ihr Ego zu mästen. Denn wäre Anteilnahme etwas wirklich Altruistisches, würde sie ja Anteilgabe heißen.

Nach dem Sommer

Wie viel später wird die Welt wohl untergehen, wenn ich meine Handtücher im Hotelbad immer sofort aufhänge, anstatt sie auf den Boden zu werfen und somit dem Waschdienst zu überlassen? Und wird jemand diese gewonnene Zeit sinnvoll nutzen können? Der Sommer war lang und gut und anstrengend. Viermal musste ich mir eine neue Zahnbürste kaufen, zweimal Zahnseide, einmal gab es nur die ungewachste.

Ich habe viel schwitzendes Fleisch gesehen, viel Plastik und gewaltsam enthaarte Haut. Frauen, die ihren Männern die Mitesser aus den Schultern quetschten wie durch Knoblauchpressen, Männer, die in Adiletten und Badehose Gepäck zum Pool schleppten, als hinge ihr Leben oder zumindest ihre Ehe davon ab. Bestimmt ein Dutzend Taxifahrer haben mich übers Ohr gehauen, aus meinem Rucksack kam am Ende des Sommers Sand in drei Farbtönen.

Ich habe Alleinunterhalter gesehen, die mittags die wartenden Massen begeisterten und abends im Blaumann den leer gesaugten Pool mit Bürsten schrubbten. Am nächsten Tag habe ich gelacht, wenn er seine mediokren Slapstick-Nummern runtergeleiert hat. Die Grenze zwischen Mitleid und Stockholm-Syndrom ist nicht definiert.

Wenn nach der Landung alle ihre Handys zückten, glaubte ich stärker denn je an den Nationengedanken und merkte, wie überholt er wirkt. Roaminggebühren müssten doch das sein, was einen am meisten aufs Heimkommen freuen lässt.

Ich war acht Stunden lang in einem Reisebus mit einer Frau, deren Husten die Musik aus meinen Kopfhörern übertönte und sich anhörte wie der Exorzismus der Emily Rose. Mehr als zehnmal war ich froh, mein Reisekissen dabeizuhaben, zweimal habe ich mich dafür geschämt.

Ich habe es geschafft, auf einem Schiff mit Touristen im Mittelmeer eine Woche lang mit niemandem, wirklich niemandem zu reden. (Mein treuer Begleiter sei hier ausgenommen – gut, dass wir nicht gesprungen sind, von der Höhe ist Wasser wie Beton.) Manchmal habe ich so lange gelauscht, bis ich mich trotz Sprachbarriere nahtlos ins Gespräch hätte einfügen können, meistens waren die Sprachen aber so fremd, dass ich nicht einmal sagen konnte, von welchem Kontinent sie stammten.

Ich wollte in Kroatien eine *Game-of-Thrones*-Führung machen, ohne diese Sendung ein einziges Mal gesehen zu haben. Als das Touristenbüro verkündete, dass es keine freien Plätze mehr gab, verteilte es Stadtpläne auf Spanisch. Kostümierte Fans strahlen bei dreiundvierzig Grad noch viel mehr Wahnsinn aus als bei Kälte, ich schwanke zwischen tiefem Respekt und lautem Spott, nur egal kann es einem nicht wirklich sein. (Nach wie vor habe ich kein Bedürfnis, mir *Juego de Tronos* anzuschauen.)

Ich habe chinesische Reisegruppen auf Segways gesehen, die allesamt das gleiche Regenschirmmodell als Sonnenschutz verwendeten, türkische Taxifahrer, die auf ihren Motorhauben picknickten, und eine Mutter, die auf eine zweieinhalbtausend Jahre alte Säule weinte. Und eine unsensible Aufseherin, die die weinende Mutter daraufhin lauthals verscheuchte.

Ich kenne den Unterschied zwischen türkischem und griechischem Joghurt (es gibt keinen) und den Unterschied zwischen Schweißgeruch unter Polyester und Baumwolle (es gibt sehr wohl einen). Nichts schien mir besser, als bei zu heißem Wetter draußen drinnen zu bleiben und österreichische Krimis auf dem Laptop zu schauen, nichts schlechter als die Gespräche zwischen Reisenden in der Warteschlange vor Raststättentoiletten.

Ich freue mich auf den Winter, er soll lang und kalt werden. Winter is coming, hängen Sie saubere Handtücher im Hotelbad schön brav auf, ich hoffe, die Welt geht nicht so bald unter.

Auf zum Mars

N a, wurde aber auch Zeit«, denke ich, als ich erfahre, dass man flüssiges Wasser auf dem Mars gefunden habe.

Ich sitze gerade im Auto an der Schweizer Grenze hinter Lörrach, völlig fertig vom billigen Eurokurs-Einkaufsgemetzel, und höre die freudige Kunde im Radio. 2015 scheint die NASA endlich eine Lösung für all unsere Platzprobleme gefunden zu haben. Flüssiges Wasser auf dem Mars, ein Leben auf einem anderen Planeten, Outsourcing jenseits der Atmosphäre. Hazel im All, im maßgeschneiderten Astronautenanzug von Party zu Party hüpfen – ja, verdammt, läuft bei mir!

Endlich, Wasser auf dem Mars, ein ganzer Back-up-Planet für die Spezies, die sich selbst zerstört. Das ist wie wenn man umzieht, anstatt aufzuräumen. Unerwünschte Flüchtlinge werden ab sofort auf den Mars abgeschoben, NASA-Forscher stehen mit Willkommensschildern auf den Basisstationen. Harald Martenstein plant, den gesamten Planeten umgehend zu kolonialisieren, Nestlé kauft sich die Wassernutzungsrechte für den Mars, und *Ich bin ein Star – holt mich hier runter* wird als erste nichterdbasierte Realityshow gedreht. Yanis Varoufakis und Sepp Blatter kämpfen um die Gunst des Publikums und

kauen unter Tränen an schuppig ledrigen, leicht ange-
bratenen Alien-Vorhäuten. Bis die Sendung unterbro-
chen wird, weil sich herausstellt, dass eine der Vorhäute
in Wirklichkeit das ungeschminkte Rosinengesicht von
Dieter Bohlen, dem dritten Kandidaten, ist.

Alle Rentner ziehen auf den Mars, weil das Klima dort
besonders freundlich ist, Schoßhunde reisen umsonst mit.
(Im Prinzip ist ja jeder Hund ein Schoßhund, wenn deine
Beine dick genug sind.) Die schwache Anziehungskraft
auf dem Mars kommt gerade den übergewichtigen Rent-
nern zugute: Auf dem ganzen Planeten finden wöchent-
lich Bewegungskurse statt, moderiert von Ilja Richter.

Jan Böhmermann ist auf der Erde geblieben und sagt,
Mars hin oder her, er habe die Mondlandung gefakt,
der Mond sagt, er sei in Wirklichkeit aus Käse und ein
von langer Hand geplanter Marketingcoup der Schweizer Regierung. Die Schweizer Regierung hat dazu keine
Meinung, ihr ist das alles ein bisschen zu stressig.

Die WHO sagt, Mondkäse sei potenziell krebserregend,
sofern in Kombination mit Wurst gegessen. Die Wurst
sagt nichts, sie schweigt und genießt, so wie das Würstchen machen. Auf dem Mars reißen sich Einkaufstou-
risten um verarbeitetes Fleisch für den Import, weil der
Verkauf auf der Erde kurzerhand illegal wurde. In Hel-
mut Schmidts Tagebüchern kann man lesen, dass er sich
privat ausschließlich von Mentholwürsten ernährt habe.

Der Samstag wird zum intergalaktischen Reisetag,
sparfuchsige Marsmenschen stürmen die deutschen Su-
permärkte, als Schweizer Reisende verkleidet. Auf die
Frage, warum sie sich nicht gleich als Deutsche verklei-
den, haben die Aliens keine Antwort.

Und während der Marsmensch am Zollhäuschen auf die Rückerstattung der Mehrwertsteuer wartet, hört er im Raketenradio, dass Forscher Wasser auf dem Jupiter gefunden haben.

Ich sitze gerade im Auto an der Schweizer Grenze hinter Lörrach und suche einen Parkplatz, um in Ruhe eine Mentholwurst zu knabbern. Zum Glück wird das Universum ständig größer, denke ich. Da sollte wenigstens irgendwann ein Parkplatz für alle drinliegen.

First-World-Asshole

Zürich ist nach Wien die zweitlebenswerteste Stadt der Welt, sagt die Mercer-Studie. Wir haben hier erwiesenermaßen sehr saubere Luft, gute Gesundheit und mit dem Flughafen ein eigenes kleines Portal zum Rest der Welt. (Denn ein Ort ist ja auch nur schön, wenn man ihn auch schnell wieder verlassen könnte.)

»Oh nein«, dachte ich, als ich das in den Nachrichten hörte. »Ein klassisches First-World-Problem: Wir müssen jetzt also offiziell das weltweit zweitschlechteste Gewissen haben, wenn wir trotz der hervorragenden Bedingungen hier auch mal unzufrieden, traurig oder – so gnade uns Gott! – unseres Lebens müde sind.«

Worüber darf ich kaukasisches Mittelstandskind ohne Erbkrankheiten mich denn überhaupt wirklich aufregen? Wenn ich im Winter mit neuen Schuhen in einen noch warmen Hundehaufen trete? »Nun, nun, Frau Brugger, nicht so egozentrisch. Anderswo hätten Sie schließlich barfuß und der Schiss eine Tretmine sein können.«

Oder wenn ich mich nachts aus Schlaflosigkeit wieder einmal in einen Werner-Herzog-Dokumentarfilm stürze. Und im warmen Bett liegend einem einzelnen Pinguin dabei zusehe, wie er im Wahn seine Kolonie verlässt, mit sicherem Schritt dem einsamen Tod entgegenwatschelnd. Das Kamerateam steht nur regungslos daneben und erfreut sich am Leid, denn Leid kurbelt ja bekanntlich Verkaufszahlen an wie sonst nichts in der Welt. Bin ich dann narzisstisch und verwöhnt, wenn mich so etwas zum Weinen bringt, während ich die Spenden- und Unterschriftensammler, Kinderrechtler und Umweltschützer am Bahnhof immer geschickt und kaltherzig umgehe?

Und jubeln verhungernde Kinder in Westafrika wirklich, wenn sie erfahren, dass ein pummliges Schweizer Kind nach langem Quengeln dann doch noch seinen Tiefkühlbrokkoli aufgegessen hat? Führen sie dann indigene Tänze auf und trommeln rhythmisch auf ihren aufgeblähten Hungerbäuchen herum aus Dankbarkeit für die globalisierungsbewusste Erziehung westeuropäischer Kinder?

Vielleicht hätte ich im Jahr nach der Schule doch in ein Entwicklungsland fahren sollen. Um mein Gewissen zu beruhigen und meine Freunde mit Elend-Selfies schlecht fühlen zu lassen. Um irgendwelchen Ärzten ein Jahr lang im Weg zu stehen und ab und zu wehmütig einen mitgebrachten Ovo-Riegel unters Volk zu werfen. Dann könnte ich jetzt an allen Zürcher Szenepartys stolz verkünden, wie erstaunlich fröhlich »die dort« seien, obwohl – oder gerade weil? hui! – sie ja nix haben, und dass wir Europäer eben schon sehr verwöhnt seien.

Ich würde dann an meinem Prosecco schlürfen, mich im Weltschmerz suhlen und schwurbelige Sätze über Altruismus und Dankbarkeit von mir geben. Während die Armani-Linken an meinen Lippen hingen und man mir laut nickend erklärte, dass man erst letzten Monat Schokolade aus fairem Anbau gekauft und dann authentisch marokkanisch gegessen habe – ohne Besteck!

Laut Mercer-Studie ist also jeder Zürcher, jede Zürcherin mit schlechter Laune automatisch ein vom Wohlstand verdorbenes First-World-Arschloch. Zu sagen, dass man nicht unglücklich sein darf, weil man anderswo noch unglücklicher ist, wäre schließlich so, als dürfte man nicht glücklich sein, nur weil irgendjemand anderes auf der Welt bestimmt gerade noch ein bisschen glücklicher ist. Und wenn schon: Unglücklicher als die Wiener dürfen wir Zürcher ja sowieso noch sein.

Drei Nüsse für Hazelbrödel

Die fünfte Jahreszeit dauert sechs Wochen und läuft auf die Klimax Weihnachten hinaus. Dieser nach Zimt und Anis duftende Festtagsfaschismus, die herzerwärmende Struktur von berechneter Harmonie und Nächstenliebe ist es, welche auch den unchristlichsten Bürger von allen Seiten her zu penetrieren versucht.

Jeder Ladenbesitzer tut so, als läge ihm etwas an der Musik, die er abspielt und die im besten Fall irgendwo zwischen Enya und Schwangerschafts-Gymnastik-Harfenklängen hin- und herpendelt. Wenn man Pech hat, wird man auch auf der Straße von Lautsprechern mitten in die Fresse ge-wham!-t und mit glockenbimmelndem Herzschmerz dem Tod durch Seelendiabetes nahegebracht.

Hinzu kommt der gesellschaftliche Zwang, wie die Lachse zur Brutstätte zurückzukehren. Familienmitglieder zu beglücken, die man sich nie als Freunde aussuchen würde, und in steinzeitliche Muster zurückzufallen. Da ist zum Beispiel der Jäger, der Hausmann, der im Schweiße seines Angesichts den eingepackten Baum vom Familienwagen loslöst und in der Stube labradorgleich hechelnd seiner Frau vor die Schuhe wirft wie die tote, nasse Ente. Und sie, die Sammlerin, die ihm darauf einen Kuss gibt (ohne Zunge, das wäre unangebracht), den

Baum in den Sockel steckt und das schützende Netz mit gekonntem Messerschlitzer-Move von der Beute ablöst. Und die Kinder, die bei der Herrichtung des Erbeuteten helfen, mit gestärktem Kragen Christbaumkugeln aufhängen und Süßigkeiten arrangieren dürfen. Knochige Erdnüsse, Mandarinen, so prall und saftig wie gut gereifte Ödeme, und Schokolade, die im Mund schmilzt, nicht in der Hand. (Es sei denn natürlich, man steckt sie sich mitsamt der Hand in den Mund.)

Die Vorweihnachtszeit ist, wie ich mir die letzten Monate einer Schwangerschaft ausmale: unendlich viel Vorbereitung für einen einzigen Termin. Und obwohl alle anderen es auch irgendwie hinkriegen, denkt man doch, dass es – wie man's auch macht – verkehrt sein muss, ob durchorganisiert und hübsch dekoriert oder anarchistisch à la Bethlehem-Roulette.

Sowohl zum Elternsein als auch zum Festeschmeißen braucht man keine Prüfung. Man kann lediglich hoffen, dass alles gut wird und am Schluss nicht zu viel Unordnung bleibt. Gleichzeitig ist klar, dass man eigentlich nur alles falsch machen kann – das Kind stürzt und fällt auf die Jesuspuppe im Krippenset, man eilt daher und pfercht zur Instantberuhigung eine Lindorkugel in den Kindermund. Bumm, zack, Totalschaden auf immer und ewig. Denn fortan assoziiert der Nachwuchs Schmerz und Jesusbaby mit Schokolade und muss beim Anblick von Kirchen sabbern und sich geißeln lassen. Sowohl Kind als auch Weihnachten sind auf immer ruiniert, die ganze Arbeit für nichts, halleluja, und all das nur, weil man zum Feiern keinen Eignungstest gemacht hat.

Und wenn Weihnachten dann weder vor noch in oder

gar hinter der Tür steht, sondern das Haus endlich, endlich in vom Balkongeländer stürzender Manier verlassen
hat, dann ist Zeit für die richtig wichtige Frage im Leben. Nämlich welches Fondue man an Silvester denn nun
kochen soll.

Das bisschen Freiheit

Was mich an wohlerzogenen Hunden immer so erfreut, ist, dass sie zwar vollkommen unterwürfig alles mitmachen, was ihnen an Tagesprogramm aufgebürdet wird, absolut pünktlich zur Abendessenszeit dann aber mit herzerweichenden Mitteln auf ihr Recht auf Futter beharren. Kaum ist es fünf Uhr, wird auf die pawlowsche Uhr gesabbert, egal ob das Herrchen weiter Stöckchen werfen oder Zeitung lesen will. Der moderne Hund schafft den Spagat zwischen unfreiwilliger Formbarkeit und ordentlich sturem Grundbedürfnis, zwischen Opferrolle und ehrlichem Psychoterror. Er ist ein Meister des freiheitlichen Understatements, ein Sklave ohne Daumen, der die Tür zum Kühlschrank selbst nicht aufkriegt und sich darüber vollkommen im Klaren ist.

Ganz im Gegensatz dazu die Sau. Oder, etwas genauer gesagt: die Sau im Menschen. Oder, noch genauer: die Sau in dem Schlag von Menschen, der gerade, as we speak, seine Blüte zelebriert. Im Strom des Zeitgeists von wachsender Freiheit und verpflichtender Flexibilität sich treiben lassend, der Anti-Lassie-Typus, sozusagen. Heute hier, morgen dort, offene Möglichkeiten sind der Groove des neuen Millenniums, spontane Terminabsagen das

Heroin einer jeden Agenda. Du lebst nur einmal, Baby, also zerr die Sau raus aus dem Stall, bevor ihr dort drinnen noch die speckigen Glieder verkümmern. *Yolo*, you only live once, nennt sich dieser Spirit und ist Carpe Diems verantwortungs- und zügelloser Krüppelbruder aus dem 21. Jahrhundert. Der anti-evolutionäre Hedonist, der auf der Autobahn rückwärtsfährt und sich dabei filmt, der tollwütige Chihuahua mit Selbstüberschätzung. Der pubertäre Stilzerstörer, der an der Party in die Bowle kotzt und dann auch noch selbst daraus trinkt, ganz einfach, weil er's kann.

Sogar ganze Studien darüber gibt es, dass Hab und Gut längst nicht mehr die wahren Statussymbole sind. Dass die jungen und jung gebliebenen Leute von heute mehr auf Besitzlosigkeit und auf Spontaneität im Leben setzen. Zeit muss her, Zeit und ein Wille, sie auf effiziente und originelle Weise für sich selbst zu nutzen. Das Problem ist nur: Leute, die sich auf ihre erzwungene, rücksichtslose Spontaneität etwas einbilden, sind ein bisschen wie Babys, die Zigaretten rauchen. Auf den ersten Blick kann man ihnen eine gewisse Coolness nicht absprechen, auf alle weiteren Blicke hin findet man aber, dass die Verantwortlichen sich hierfür schämen sollten, und will, dass das Ganze so bald wie möglich bitte aufhört.

Mit wachsender Freiheit nehmen auch die Möglichkeiten zu, und nur wer heute wirklich spontan ist, kann angeblich auch tatsächlich alle nutzen. Die Freiheit verknechten und bis zur absoluten Dürre leer melken. Dass das Gehirn in Wirklichkeit etwa so flexibel ist wie eine Billardkugel – es wird angestoßen, reagiert entsprechend, und ganz selten ist das Ergebnis ob glücklicher Kerben so dermaßen unglaublich, dass wie beim Profi-Snooker im Fernsehen alle Zuschauer verzückt die Hände vor ihre offenen Münder peitschen –, geht vor lauter Zwangsbespaßung dann halt klammheimlich vergessen. Das sind die Menschen, die stolz darauf sind, ihre eigenen Chefs zu sein, und gleichzeitig nie öffentlich zugeben würden, dass sie ihren Chef eigentlich für ein Arschloch halten. Aber egal, you only live once, und dass es gar keine Säue gibt, die darauf warten, rausgelassen zu werden, muss auch niemand wissen. Denn natürlich sind das alles ganz einfach sabbernde Sauhunde, die schon lange draußen sind.

Sterbehilfe

Eine Freundin der Familie hatte also beschlossen, einem politisch und konfessionell neutralen Schweizer Verein, der sich für Sterbehilfe einsetzt, beizutreten. Sagen wir einmal, ihre Zeit war reif. Man hätte es durchaus noch in eine Verlängerung ziehen können, das Ganze, aber sie wollte es beenden, während sie noch eine gewisse Grundfröhlichkeit vorweisen konnte. Ja, man kann sie als äußerst optimistischen Menschen beschreiben, und so schien es auch nur halb abwegig, dass sie sich in ein Luxushotel einmietete, um noch einmal allen Tschüss zu sagen. Und dann sanft zu entschlafen.

Es war ein zweiter Donnerstag im Monat, und ich ging, wie für zweite Donnerstage im Monat äußerst charakteristisch, mit Mutter Lebensmittel einkaufen, in Deutschland. Um für weniger Geld mehr Kartoffeln zu bekommen. Als wir also im Supermarkt standen, irgendwo zwischen den Spitzhacken und Kräuterquark-Panzerwels-Schnitzeln, und Mutter auf ihre Einkaufsliste blickte, sagte sie ganz bestimmt zu mir: »Wir brauchen noch ein Abschiedsgeschenk, für wenn wir sie im Hotel besuchen. Etwas Fröhliches, woran sie Freude hat.«

Aha. Aha, dachte ich. Ein lebensbejahendes Abschiedsgeschenk also, woran auch ihre optimistische Seite

Freude hat, was ihr aber dennoch unser Einverständnis mit der Gesamtsituation klarmachen sollte. Nichts leichter als das. Ich begann, mit dem Blick eines Glück bringenden Sensemann-Nikolauses durch den Laden zu streifen, und hatte Schwierigkeiten, mich zu entscheiden. Zu meiner Erleichterung war das Sortiment, wie in jedem gut geführten deutschen Lebensmittelladen, erstens wild durchmischt und zweitens saisonal angepasst.

Ein Herbstkranz, dachte ich, na, das sprüht ja nur so vor Lebensfreude. Tote Früchte und Blätter in Kreisform aufgespießt und in besonders glücklichen Fällen sogar noch mit dekorativem goldfarbenen Feenhaarimitatdraht umwickelt. Das mag ich, wenn der Kranz dann in der Mitte des Esstischs seinen orangig waldigen Duft versprüht und sogar ein lauwarmes Glas Multivitaminsaft beginnt, herbstlich zu schmecken. An Kränzen auf Ess- oder Couchtischen kann man übrigens ganz einfach eine Arbeitssituationsanalyse der für den Haushalt zuständigen Frau durchführen: *Ist* ein Kranz auf dem Tisch vorhanden, so arbeitet die Frau weniger als vierzig Prozent, hängt einer an der Tür, so sind es immerhin noch weniger als sechzig Prozent. Ist gar kein Kranz vorhanden, handelt es sich höchstwahrscheinlich um Ketzer. Ist eine wissenschaftliche Tatsache.

Ein Kranz fiel also weg, sonst denkt sie noch, ich hätte zu viel Zeit, und außerdem könnte sie sich beim Riechen an der kandierten Sternfrucht ein Auge perforieren, und wenn man nicht muss, dann will man nicht unbedingt blind sterben.

Einen Meter weiter war ich offensichtlich noch tiefer in die Dekorationsecke getappt: eine Keramikzitrone mit oberflächenveredelnder Glanzglasur. Sehr praktisch und unglaublich ästhetisch. Muss wohl etwas Deutsches sein. Die Zitrone, die sich bei genauerer Untersuchung als Seifenspender entpuppte, hielt ich für äußerst treffend, da sie etwas Lebensbejahendes ausstrahlte. Überhaupt finde ich alles, was zitronengelb ist, äußerst lebensbejahend: Kanarienvögel, zu grell geratene Briefkästen und Frontscheinwerfer von Kraftfahrzeugen. Doch so kurz vor dem Sterben möchte sich wohl niemand mehr die Hände waschen, man will ja noch seinen Spaß haben, und daher legte ich den Seifenspender zurück zu seinen Freunden, der Nagelbürstenartischocke und dem Ananassalzstreuer.

Diese Abteilung schien nichts mehr herzugeben, also wechselte ich prompt zur anderen Seite der Lagerhalle – nennt man in Deutschland »Filiale« – und war entzückt. Ein Zwanzigkilosack Bocklemünder Blumenerde, die mit der extra Portion Humus! Was gibt es schon Lebensbejahenderes als Blumenerde? Fragte ich mich und wiegte den Sack liebevoll in meinen Armen. Stolz schleppte ich meinen Fund zu Mutter und sagte ihr, dass das Suchen ein Ende habe. Sie schaute mich entsetzt an und fragte, was denn eine fast schon tote Frau mit Blumenerde anstellen solle. Ich erklärte ihr die Sachlage, das mit dem lebensbejahenden Aspekt, und als sie immer noch nicht überzeugt war, versuchte ich ihr klarzumachen, dass die Freundin der Familie ja schon einmal üben könne, wie es sich denn so anfühlt, wenn man eingebuddelt ist.

Hja, das fand Mutter nicht lustig.

Wie sich herausstellte, hatte sie sich schon lange selbst für ein Geschenk entschieden, war wohl für mich nur wieder einmal eine Beschäftigungstherapie. Schokolade.

Macht Sinn, ist ja billiger in Deutschland. Schmeckt zwar scheiße, aber dann hat sie wenigstens nach dem Essen richtig Bock auf den Freitod. Was sie gefunden hat, war aber keine konventionelle Schokolade, nein, es war die vorweihnachtliche Sonderanfertigung, gefertigt in Süd-nordost-Krakau. Kleine Zwergenpralinen in einer dekorativen Blechbüchse, wohl die Schützengraben-Edition oder so. Richtig praktisch, in der Büchse halten die Pralinen sicherlich noch ewig, sodass sie noch naschen kann, wenn sie schon lange tot ist.

Sie freute sich dann über die Schokolade, und das ist ja die Hauptsache, ob tot oder nicht.

Die Blumenerde kaufte ich mir übrigens trotzdem. Buddle mich jetzt immer selbst ein und bemitleide mich. Nicht gerade lebensbejahend, aber trotzdem sehr, sehr geil.

Kein Schoßhund

E igentlich hätten das ja acht blonde Welpen werden sollen. Die Hündin war läufig, der Deckrüde eingeschifft aus Weitweg und die Chemie zwischen den beiden gut. Golden Retriever, Apportierhund, das Null-acht-fünfzehn-Model in jeder Werbung, für jedes Produkt. Lieb, verfressen, Schwimmhaut zwischen den Zehen.

Aber eben. Wäre da nicht dieses Loch im Zaun gewesen. Schwuppdiwupp, schleicht sich ein großer schwarzer Hund in den Zwinger und schwängert das Zuchtweibchen. Acht schwarze Welpen mit weißen Söckchen an den Füßen. Nix da, teurer Stammbaum, acht reinrassige Mischlinge, und einer wurde unser Familienhund.

Letzte Woche musste ich akzeptieren, dass mein Hund alt geworden ist. »Was heißt da *dein* Hund«, würde meine Mutter jetzt sagen. Natürlich hätte sie recht. Und bei Widerworten würde sie fortfahren, dass sie schließlich diejenige war, die immer mit ihm durch die Wälder zog und auch bei Regen und Wind noch mit einem Lächeln auf den Lippen nach der durchnässten Leine gegriffen hat. Wie sie uns manchmal zwingen musste, mit ihm rauszugehen. Ach, wie schlecht ich mich jetzt dafür fühle.

Jedenfalls saß ich da, am Esstisch, im Elternhaus, das

mir bei jedem Besuch fremder vorkommt. Der Satz »fühl dich wie zu Hause« hilft hier bedingt. Ich schaute zu, wie der Fels meiner Kindheit unter der hündischen Arthrose bröckelte. Wie im Cartoon trieben seine Pfoten beim Gang über die Fliesen immer mehr vom Körper weg, bis er schließlich am Napf stand wie ein pelziger Seestern. Alle viere von sich gestreckt und hinten die traurige Rute, verbogen wie ein Fragezeichen. Wenn es nicht so grauenhaft unlustig wäre, wäre es grausam lustig gewesen. Er kriege jetzt zwei Pillen, hörte ich, und bald auch einen Gummiteppich. Damit er etwas zum Festhalten habe. Etwas zum Festhalten.

Was dieser Hund schon alles mitgemacht hat! Erste Gehversuche am Walensee, Welpenschule »Oberglatter Knurrli«, gefolgt von fünf Jahren Hundeschule mit mir im engsten Einzugsgebiet des Zürcher Flughafens. Jeden Samstagmorgen im Schlamm, meistens ohne Frühstück. Ich, weil ich nichts essen wollte so früh, er, damit er nicht kotzen musste auf der Autofahrt. Zusammen wurden wir sogar Jugendmeister im Hundesport Region Wehntal.

Jeden Tag hörten wir meinem Vater dabei zu, wie sehr er Unterhaltungen zwischen Hundebesitzern verachtete, und meiner Mutter, wie sie von Freundschaften schwärmte, die auf der Robidog-Wiese geknüpft wurden. Wir waren auf Messen, haben uns anschreien lassen von adrenalingeladenen Männern in Kakiwesten und Springerstiefeln. Wir haben zusammen Hunde und Halter gehasst und Jugendphasen überwältigt. Erst habe ich ihm beim Erwachsenwerden zugeschaut und dann er mir. Nur dass er dann irgendwann kastriert wurde und ich noch nicht.

Einmal hat er sogar ein Meerschweinchen gekillt, der Schandfleck in der bruggerschen Familienhistorie. Dabei war er so nett, wie man es sich nur wünschen konnte. Vor Freude langte er mit weichsten Lefzen nach der neunjährigen Meersau und zeigte uns, was er gefangen hatte, das Tier im Maul ängstlich fiepsend, aber unversehrt. Auf Kommando gab er sie wieder frei, legte sie auf den Boden vor uns, sie rannte noch ein Minütchen verwirrt durch die Gegend, bevor sie dann einem Herzinfarkt erlag. Kein Schoßhund also, ein zivilisierter Wilder.

Ich frage mich manchmal, ob er auch leben würde, wenn alles nach Plan gelaufen wäre. Reinrassig, kein Loch im Zaun, Stammbaum bis ins 19. Jahrhundert. Dann denke ich, egal, und hoffe, dass es ihm da drinnen noch so gut geht, dass er leben will.

Drakkar Noir

Wenn ich nachts nicht schlafen kann, lese ich gerne die neusten Einträge in Parfümforen. Selbst ernannte Fragrance-Aficionados geben dort ihr Innerstes preis und schreiben über die Emotionen hinter Düften. Die Texte wären ausgedruckt oft mehrere Meter lang und von einer ehrlichen Schwurbligkeit, die ich mir außerhalb des Pyjamas nicht antun könnte. Man lässt sich bewerten, kommentiert Kommentare und kann virtuelle Auszeichnungen verschicken. Diese Foren haben ihre ganz eigenen Stars, und manchmal bekommt man einen Wortwechsel mit, der auf Vertrautheit zwischen den einzelnen Usern deuten lässt.

Ein Spritzer würde genügen, und plötzlich wäre Taurus67 wieder in der Dorfdisko, und draußen ist es 1983. Man tanzt zu Michael Sembello, und die Mädels sehen gut aus. Das allererste Handy ist auf dem Markt und wiegt achthundert Gramm, Jordanien kriegt einen neuen Flughafen, auf Galapagos wird der letzte Riffbarsch gesichtet. Taurus67 hat sich eine Fahrt im matt glänzenden Wikingerschiff gegönnt, sich den schwarzen Drachen auf die Haut gestäubt. Spiel? Spannung? Schokolade? Nein, er hat etwas viel Besseres zu bieten, etwas Exotisches, unvergesslich: »Drakkar Noir« von Guy Laroche, ein olfaktorischer Hochgenuss. Kopfnote: Artemisia, Basilikum, Bergamotte, Lavendel, Rosmarin, Zitrone und Zitronenstrauch; Herznote: Gartennelke, Jasmin, Koriander, Wacholder und Zimt; Basisnote: Amber, Eichenmoos, Leder, Patschuli, Sandelholz, Tanne, Vetiver und Zedernholz.

»Klar«, denke ich, während ich müde werde und versuche, mir den Geruch vorzustellen. Lavendel kenne ich, Koriander hätte ich notfalls noch zur Schnupperprobe in der Küche, und wer oder was Artemisia ist, müsste ich zuerst noch googeln. Über Düfte zu lesen, ist so abstrakt, wie Clips zu schauen, in denen Konzerte in Gebärdensprache dargestellt werden.

Doch leider ist der schwarze Drache nicht mehr ganz das, was er in den Achtzigern einmal war. Man hat mit dem Millennium auch die Rezeptur geändert – es ist traurig, einem Feuertier so den Lebensgeist zu nehmen. Wie Rilkes *Panther* ist er nunmehr eine zensierte, abgeschwächte Version seiner selbst. Das Flakon überzeugt Taurus67 auch nicht mehr wirklich, es ist zu sehr en bloc und nicht filigran genug. Optisch kommt hier nur die Schwere durch, man könnte dem Duft als Laie leicht eine Lautstärke und Aufdringlichkeit vorwerfen. Dabei ist es diese lederne Leichtigkeit, die einen packt, die einen streift wie schwingende Mottenflügel an der Nackenhaut, wie der verlorene Kuss einer Fremden in einer Nacht ohne Mond. Etwas, das durch Klarglaselemente vielleicht besser unterstrichen würde.

Ich stelle mir Kinder vor, die in der Schule erzählen, dass ihr Vater Parfümflaschen designt. Kinder, die vielleicht nie gezeugt worden wären, wenn die genetischen

Differenzen der Eltern beim Kennenlernen nicht durch einen ansprechenden Duft überdeckt gewesen wären. Kinder, die die Natur so eigentlich nicht vorgesehen hatte, kleine Armeen von Drakkar-Babys in der Obhut von unparfümiert unkompatiblen Eltern.

Die Dorfdisko gibt es heute nicht mehr, sagt Taurus67. Früher konnten die Mädchen sich sicher sein, ihn dort auch noch frühmorgens tanzend im Nebel vorzufinden. Der Drache trug einen Schild gegen Schweiß, hatte Zähne zum Anbeißen und ein alles verzehrendes Feuer für die Nacht. Heute ist er gräulich und mit dritten Zähnen. Er blinzelt müde in die Runde.

Ich stelle mir Düfte vor und wie die Schlaflosigkeit ein Ende nimmt. Ich träume von Artemisia.

Und ob das Leben besser wird

gitt, das Schlafzimmer! Ich habe mein Bett gesaugt. Erst den Bezug weggerissen, dann zwölf Minuten im Power-Mode drauflos inhaliert. Von beiden Seiten, auf allen vieren, ächzend und stöhnend, bis der Sauger voll war. Sie hätten mich sehen müssen. Eine Furie. Nach erfolgreicher Recherche gepackt vom Ekel, Angst- und Schaffensschweiß auf der Stirn, Todesmut in den Augen. Achtzigtausend Milben hatte ich in meiner Matratze. In meiner Matratze, in Hazel Bruggers motherfucking Matratze! Dort, wo alles Wichtige entsteht, mehr als die Hälfte meiner Texte getippt werden und die besten Ideen verdaut und ausgekotzt ihren Weg in die Cypher finden. Auf dieser Matratze habe ich mit einer Mittelohrentzündung alle zweiundsechzig Folgen von *Breaking Bad* geschaut, ich habe sie mit Freunden und Bekannten durch Treppenhäuser geschleift und in Autos transportiert, die zu klein für sie waren. Ich dachte wirklich, das mit uns wäre ernst.

Und dann das. Achtzigtausend kleine Pissnelken ohne Rückgrat und eigene Meinung. Ich habe nachgewogen und gerechnet, viertausend Stück pro Gramm Bettstaub. Zwanzig Gramm, zack, die ganze Bevölkerung der Stadt Luzern in Form von kleinen Spinnenarschlöchern. You are not alone, never ever.

Nicht, dass mich das wirklich überrascht. Was kann einen aufgeklärten Menschen im dritten Millennium überhaupt noch überraschen? Wir denken, wir haben alles gesehen, haben zu allem eine Meinung und zu quasi gar nichts mehr fundiertes Wissen.

Aber trotzdem. Da fahr ich vor zwei Jahren extra ins Möbelhaus, staune über die horrenden Preise und kaufe aus Anflug der Vernunft dann trotzdem ein sehr schön gemütliches Mittelklassemodell mit Komfortschaum und sieben Zonen. Komfortschaum, ha! Der Rücken wirds mir danken, und Bonuspunkte kann man nie genug haben. Und dann, dann kommen die kleinen Schmarotzer und scheißen mir die Bude voll. Schmeißen ihre Pheromone durch mein Baumwoll-Plastik-Gemisch, bumsen sich um den Verstand und snacken zwischen den heißen Schaumstofforgien an meinen alten, durchfeuchteten Hautschüppchen herum. Maden im Speck, Affen, elende – zum Glück gibt es noch keinen Sauger, mit dem man sich Bakterien aus dem Magen lutschen kann.

Aber ja wäh. Als ich mir den weißen Staub im Sauger angeschaut habe, dachte ich an das Puff ohne Wirtschaftskraft, das jahrelang unter meinem schlafenden Körper lag. Ein Paradies für Mikrosexekel, parasitärer Lustspielplatz ohne jegliche Verhütungsmethoden. Erklären Sie doch mal einer Hausstaubmilbe, dass Fortpflanzung nur noch bei der Unterschicht mit Sex zu tun hat, dachte ich und leerte den Dreck rein in den Kehricht.

Und jetzt? Was nun? Es folgten Ratlosigkeit und Nächte auf dem Gästebett. Wer bin ich, wo hört mein unbedingter Anspruch auf, wo fängt das Ego an. Wenn schon die Milben in der Matratze mir längerfristig Angst einjagten, wie sollte ich dann in Zukunft jemals einen Samstagvormittag im Einkaufszentrum überleben, dem Schmelzkessel der herangezüchteten Dummheit?

Nach einer Sprühaktion mit Spray aus Niembaumsamenöl dann endlich der psychologische Heilprozess. Zwölf Stunden warten, bis es nicht mehr riecht wie Essiggurke vermengt mit ranzigem Hodenschweiß. Das Ganze zweimal jährlich wiederholen, morgens keinerlei Kratzen in Nasenraum und Hals, Ekel nur noch vor mir selbst. Das Leben für den Menschen wird ein bisschen besser. Komfortschaum. So ein Kack.

Setzen Sie sich

Wenn man mich fragte, würde ich Sitzen wohl zu meinen top drei Beschäftigungen zählen, vor allem, wenn der Fragende ein Festivalgänger wäre, der aus Coolnessgründen darauf verzichtet hätte, einen Klapp- oder Campingstuhl mitzunehmen, und der vorher gar nicht wusste, wie wichtig ihm das Sitzen eigentlich war, also bevor er zig Stunden im Suff und Stank Tausender anderer stehen musste, während die Sonne auf seine fette Stirn niederprasste, nur um Bands zu sehen, die entweder gar keine Bands sind, sondern nur mehrere MacBooks mit demselben Stromanschluss, oder aber Bands, die früher mal cool waren und die man jetzt nur noch sehen will, damit man sie mal gesehen hat, so wie man sein Patenkind in den Zoo schleppt, um sich irgendeinen verfetteten, depressiven Pandabären reinzuziehen und ein Selfie vor den abgeranzten Gitterstäben zu machen, schau mal, Kind, das Tier dort drüben kann zwar nichts, aber es stirbt gerade aus, also lass uns ein Selfie vor dem Käfig machen, dann haben wir etwas für die Ewigkeit, wenn es schon lange ausgestorben ist, und weißt du eigentlich, warum es ausstirbt, Kind, weil es zu faul ist, weil es zu wenig bumst, es hat nämlich gar keine Zeit zu bumsen, es ist ja viel zu sehr damit beschäftigt, auszusterben – oder würdest du etwa bumsen, Kind, wenn du wüsstest, dass das gesamte menschliche Schicksal von *deinem* Orgasmus abhängt, du *müsstest* kommen, nur damit Generationen von ungeduschten, wurstpimmligen, impotenten Zoobesuchern dich beglotzen könnten, während sie Chips fräßen und danach an irgendeiner Stehparty davon berichten könnten, dass sie dich noch gesehen hätten, bevor du cool warst, und danach kommt der WWF und überreicht einen Geschenkkorb, und wenn das Baby dann geboren ist, kommt die Frau Merkel und streichelt es, ja, aber das hast du doch ganz prima gemacht, wird sie sagen, und alle sagen dann, iih, die Frau Merkel ist 'ne heuchlerische Streichlerin, die soll mal lieber schauen, dass die Käfige im Zoo ein bisschen angenehmer zu bewohnen sind, das nützt dem Pandababy schließlich auch nichts, wenn Mutti es streichelt, während die unzähligen richtigen Pandabären in Asien langsam verrecken, weil man ihnen den Lebensraum unbewohnbar macht, das ist schon unerhört, was im Rest der Welt so abgeht, weißt du, es gibt Leute, die haben so wenig und sind trotzdem so fröhlich, da kann sich unsereins eine Scheibe von abschneiden, aber was macht die Merkel, diese herzlose Schmollmundkröte, sie streichelt und checkt wieder mal gar nicht, was abgeht, Kind, dabei verstehen die Leute nicht, dass die Frau Merkel in Wirklichkeit doch von Pandababys keine Ahnung hat und nur aus Propagandazwecken überhaupt erst in den Zoo gefahren ist, und manchmal reagiert halt auch die mächtigste Frau der Welt einfach so, wie eine Politikerin reagieren würde, weil sie das nun mal ist, eine Politikerin, und politisch erfolgreiche Menschen sind selten menschlich erfolgreich, also stirbt der Panda weiter aus, auch wenn er heult, und ganz egal wie süß er ist, hm, Kind, denkst du, kann der Panda bei all diesen Gedanken überhaupt noch einen süßen schwarz-weißen Ständer kriegen, mit dem er seine Alte von der roten Liste pimpert, Kind, denkst du das wirklich? Und jetzt zieh nicht so eine Fresse, das sieht ja scheiße aus auf dem Selfie – aber ich schweife ab, denn was ich eigentlich sagen möchte, ist, dass ich sehr gerne sitze, ach, ich will doch gar nicht ewig leben, ich will mich doch nur ab und zu mal hinsetzen.

Nichts für Weicheier

Im ewigen Leben fühlt sich alles so an, als wäre es schon mal passiert. Deine Angst wurde von Lustlosigkeit abgelöst. Du freust dich zwar, wenn sie im Supermarkt an der Kasse Aufkleber verteilen, mit denen du ein Heft füllen kannst für günstigere Bettwäsche. Aber »Bettwäsche«, denkst du, »das kommt und geht«. Du sammelst keine Punkte mehr.

Als der Nachbarspudel mit dreiundzwanzig starb, atmete die Straße auf. Der Grad ihres langsamen Zerfalls war grotesk gewesen. Irgendwann aß sie nur noch Häagen-Dazs-Eiscreme und pinkelte im Handstand an die Hauswand. Ihre Augen sahen aus, als kreisten darin tote Flundern.

Im ewigen Leben gilt: Je länger du lebst, desto unwichtiger wird dir der Tod. Wenn deine alten Freunde sterben, musst du neue finden. Irgendwann wird dir Freundschaft egal. Du sagst, es sei, weil du dich gerne mit dir selbst beschäftigst. Du weißt, es ist, weil du deinen Geräuschen beim Sprechen nicht mehr zuhören kannst.

Der Pudel hieß Sandy. Als wir einzogen, musste sie noch sitzen, bevor man die Straße überquerte. Am Ende war man froh, wenn sie überhaupt noch das Haus verließ. Aus ihrer Nase tropfte es auf die Straße.

Im ewigen Leben bist du irgendwann älter als dein eigenes Leben. Du weißt nicht mehr, was echt ist und was nicht. Du hast Muskelkater im Gesicht. Du hast alles schon einmal gedacht. Du findest nicht, dass du dich durch die viele Zeit besser kennst. Es gibt nur mehr von dir, das du nicht mehr gar nicht kennst.

Am Ende wurde Sandy eingeschläfert. Es gab eine kleine Urne, und zwei Wochen später kam ein frischer Hund. Die Straße gewöhnte sich nie vollends an den neuen Pudel.

Das ewige Leben ist nichts für Weicheier. Du wickelst den toten Pudel in deine alte Bettwäsche. Du wärst so gerne tot. Irgendwann wirst du über alles lachen können.

Ich fragte mich – ein Selbstgespräch

Frau Brugger, welche schlechte Eigenschaft werden Sie im neuen Jahr bewusst beibehalten?
Ich bin ein echter Partymuffel und super unbegabt darin, das zu verbergen. Diese ganze helvetische Apéro-Scheiße, jesses. Man steht rum und versucht, möglichst viel auf den Teller zu stapeln, ohne sich dreckig zu machen, während man sich gegenseitig die Schwänze hält und dem anderen erzählt, wie toll man alles findet. Ich kann auch nie abschätzen, was das Gegenüber noch als Small Talk interpretiert und was als seelisch niederschmetternd. So viele Millionen Jahre Evolution, und dann muss ich sonnengetrocknete Tomaten von einem faserigen Holzstab runterlutschen. Das Römische Reich ging an überschätztem Selbstbewusstsein zugrunde, bei uns wird es Blätterteig sein. So zumindest mein Vorurteil.

Denken Sie oft in Vorurteilen?
Vermutlich öfter, als mir lieb ist. Jeder denkt doch bis zu einem Grad in Vorurteilen. Oder ist so was jetzt auch schon wieder ein Vorurteil? Na ja. Mir ist vor Kurzem aufgefallen, dass ich sogar mir selbst gegenüber manchmal sexistisch bin. Dass ich, wenn irgendetwas schiefgeht, denke, »ach, wahrscheinlich wäre mir das als Mann

nicht passiert«. Fluchtgedanke. Anstatt mir einzugestehen, dass ich einfach versagt habe, versagt habe als ich, als Hazel Brugger. Es ist leichter, sich in seiner Rolle als Frau oder Ausländer nicht wohlzufühlen als in seiner Rolle als Mensch. So kann man sich immerhin noch über Geschlechterbarrieren oder fehlende Integration aufregen und nicht nur über die absurde Tatsache, dass man überhaupt geboren wurde. Wenn man es für benachteiligend hält, am Leben zu sein, kann man sich ja eigentlich nur noch umbringen.

Sie scheinen viel über Geburt und Tod nachzudenken.
Ja, keine Ahnung. Alles andere interessiert mich halt irgendwie nicht wirklich. Alles andere trifft im Gegensatz zu Geburt und Tod auch nicht zwingend ein. Und trotzdem ist Geborenwerden und Sterben doch total abnormal und unvorstellbar fürs Individuum. Ein krasser Gedanke.

Lohnt es sich denn, über etwas Unvorstellbares nachzudenken?
Klar. Mein bester Freund hat neulich den Satz geprägt: »Ihr wisst einfach nicht, wie dumm ich eigentlich bin, aber ihr unterschätzt auch völlig, wie intelligent ich bin.«

Ein schöner Satz.
Ja, mega.

Aber zurück zum Thema. Eines Tages werden auch Sie sterben.
Ja, aber an allen anderen Tagen nicht! Ha! Nein, im Ernst. Ich hatte einen guten Lauf. Die Leute denken manchmal, meine morbide Faszination wäre das Resultat einer tiefen Unzufriedenheit. Dabei bin ich eigentlich

recht zufrieden mit allem. Auch mit der Vorstellung, dass in mir zum Beispiel mehrere Kilo Bakterien wohnen und ich nie erfahren werde, wie es ist, nicht ich zu sein.

Und dass es Kinder gibt, die mit dem HI-Virus geboren werden, oder solche in Kriegsgebieten, ohne jede Chance auf Freiheit? Ist es da nicht egoistisch von Ihnen, zufrieden zu sein?
Stimmt natürlich. Immer wenn ich gut drauf bin, schau ich mir jetzt Fotos von Kindern in Krisenzonen an. Dann geht es mir zwar nicht besser, aber dafür schlechter.

Möchten Sie einmal Kinder haben?
Auf jeden Fall! Kinder sind super. Weil ihnen soziale Druckmittel wie Ruhm oder Geld egal sind. Und weil ihnen nicht egal ist, wenn sie etwas noch nicht wissen.

Schade, jetzt müssen wir leider aufhören, wir haben ja nur begrenzt Platz hier. Danke für das Gespräch. Gibt es noch einen Wunsch fürs neue Jahr, den Sie unbedingt loswerden wollen?
Ich hab zu danken! Hmm, vielleicht mehr Zeit zum Ausschlafen und Lust zum Einschlafen. Ach, und dass Leute, die mein Buch auf dem Klo lesen, auch noch sitzen bleiben, wenn sie gar nicht mehr müssen.

Dank

Ich möchte meiner Familie danken, die so liebenswürdig irr ist, dass ich es oft selbst fast nicht fassen kann. Außerdem bin ich froh um all die lieben Freunde, die nicht böse werden, wenn mal nicht viel Zeit zum Abhängen da ist. Danke an die Slamily, an alle, die mich retteten, und an die wunderbaren Leute, die mir jeden Tag mit meiner Arbeit helfen, weil ich es selbst nicht hinkriegen würde, eine Agenda zu führen, die man auch lesen kann.

Natürlich danke ich auch dem Verlag, der das hier alles abdruckt und geduldig ist, und der Redaktion vom *Magazin* des *Tages-Anzeigers*, in dem die meisten der hier abgedruckten Texte erstmals erschienen sind. Wer weiß, was euch geritten hat, mich einzustellen, aber es war ein klasse Move, im Nachhinein.

Speziell zu danken sei Thomas, meinem besten Freund, der mich als die sieht, die ich gerne wäre. Und mit dem ich nur einen Blick tauschen muss, um zu wissen, dass nicht wir, sondern natürlich alle anderen totally insane sind. Von dem Geld, das das Buch bringt (so viel wird es nicht sein), kauf ich uns 'ne Gefriertruhe, dann müssen wir nie wieder nachts um halb drei zur Tanke sneaken, um uns ein Bütterken zu holen.